청소년을 위한

공격성 및 분노 조절 프로그램

김붕년 · 김봉석 · 윤미원 · 최치현 · 안영신 · 이호동 공저

인지행동치료와 치료놀이의 통합 프로그램

정신건강기술개발사업단
Korea Mental Health Technology R&D Project

본 연구는 보건복지부 정신건강기술개발사업의 지원에 의하여 이루어진 것임(HM15C1040).
This study was supported by a grant of the Korea Mental Health Technology R&D Project, Ministry of Health & Welfare, Republic of Korea(HM15C1040).

머리말

다양한 현장에서 학교폭력과 연관된 청소년들에게 도움을 주고 계신 선생님들의 노고에 진심 어린 위로와 격려의 마음을 드리고 싶습니다.

이 책은 2013년에 시작된 학교폭력 가해청소년을 위한 표준선도프로그램 개발 때부터 집필하기 시작했습니다. 2014년에 공격적 청소년을 위한 인지행동치료 프로그램 초안이 완성되었고, 이후 보완-수정-현장 적용을 거쳐 2015년 봄에 『공격적 청소년을 위한 학교폭력 치유 및 예방 프로그램』으로 발간되었으며, 이 프로그램이 2015년 이후 전국 40개 병원에서 매년 400여 명의 청소년을 대상으로 진행되고 있고, 현재까지도 계속 진행 중입니다. 이후 2016년에 좀 더 심한 공격성 문제와 충동조절 문제를 가지고 있는 청소년을 치료하기 위한 심리치료 프로그램의 필요성이 대두되었고, 참여 청소년들의 흥미와 동기를 높일 수 있는 놀이적 요소를 가미하는 것이 좋겠다는 의견과 논의가 진행되어, 좀 더 집중적인(intensive) 인지행동치료적 치료 모델을 적용한 이 프로그램을 개발하게 되었습니다.

심각한 공격성과 폭력문제를 보이는 청소년의 증가는 큰 사회문제로 대두되고 있습니다. 일반 학교를 다니는 청소년에서도 폭력문제가 증가하고 있으며, 심각한 폭력 범죄 등과 연관하여 소년원 등에 수감되는 청소년의 숫자도 증가하고 있습니다. 이 책에서 다루는 프로그램과 같이 심각한 폭력문제를 가지고 있는 청소년을 위한 프로그램이 더욱 많아지고 널리 활용되어야 하는 이유는 명백합니다. 이 책은 행동문제가 심각한 청소년을 대상으로 집필되었지만, 감정과 분노 조절에 어려움이 있는 공격적인 청소년을 대상으로도 널리 쓰일 수 있는 책이라고 생각합니다. 오히려 예방적인 목적이나 조기개입의 목적으로 사용될 때 더욱 효과적이라는 예비연구도 있습니다. 앞으로는 다양한 현장에서의 임상 연구 및 지역사회 연구가 진행되어, 조만간 그 효과성에 대한 논문과 도서가 더욱 늘어날 것으로 기대되고 있습니다.

총 11회기로 구성된 이 책은 감정 조절과 분노 조절을 돕는 인지행동적 기법의 적용을 근간으로 합니다. 각 회기의 주된 내용과 목적을 약술하면 다음과 같습니다. 1회기 '프로그램의 의미와 목적 이해 및 동기부여', 2회기 '정서 및 폭력에 대한 올바른 이해', 3회기 '나의 분노 패턴 발견', 4회기 '분노 자각 및 이완 훈련', 5회기 '부정적 감정을 조절할 수 있는 혼잣말 방법과 호흡법', 6회기 '분노 뒤에 숨어 있는 욕구 찾기', 7회기 '분노를 일으키는 비합리적인 사고 찾기', 8회기 '상대방을 다른 관점에서 이해하기', 9회기 '나의 갈등 대처 유형 알아보기', 10회기 '멈춤—생각—행동—평가 방법', 11회기 '멈춤—생각—행동—평가 방법 및 긍정적 자아상 찾기'. 이를 통해 감정 인식, 감정 조절 책략 습득, 인지적 오류 수정, 긍정적 자아상 고양 등의 효과를 얻을 수 있을 것입니다.

그리고 회기마다 참여동기를 촉진하고 치료자와의 관계를 돈독하게 할 수 있는 치료놀이(Theraplay) 기법을 접목하여 프로그램 참여 유도 및 긴장 이완, 불안 감소 등의 추가적인 이득을 꾀하였습니다.

이 프로그램이 우리나라의 분노 조절 문제로 인한 사회적 문제를 줄이는 데 일조하기를 기대합니다. 청소년 시기부터의 조절이 미래 성인기의 문제를 예방하는 데에 가장 빠르고 확실한 방법이기 때문입니다.

마지막으로 이 책의 처음 틀을 짜는 데 일조해 주신 선생님들께 감사를 드립니다. 연구비 지원과 정신적 지원을 해 주신 김봉석 교수님, 치료놀이활동을 흔쾌히 공유해 주신 윤미원 소장님, 실제 치료작업과 현장에서의 활동에 많은 헌신을 해 준 최치현 교수, 그리고 이 책의 구성과 내용 개발에 함께 참여해 준 이호동, 안영신 선생님께도 감사의 말씀을 드립니다. 또한 좋은 그림을 작업해 주신 주예흠 님께 감사드립니다.

2019년 9월

저자를 대표하여

김붕년 드림

차례

[프로그램 치료회기 및 치료놀이활동 순서]

회기	주제 및 치료놀이활동
1회기	프로그램 의미와 목적 이해, 동기 부여 및 친밀감 형성: 만나서 반가워! • 인사와 규칙 소개하기 • 방석 전달하기 • 인형 돌리기
2회기	폭력에 대한 올바른 이해: 이것도 폭력! • 손잡고 훌라후프 통과하기 • 인형 던지고 받기(1) • 뻥과자 돌려 먹기
3회기	분노 조절(1): 나의 분노 패턴은? • 손잡고 풍선 치기 • 과일 이름 대기 • 손잡고 긴 과자 먹기
4회기	분노 조절(2) 및 이완 훈련(1): 화난 내 몸 • 깃털 불어 전달하기 • 포도씨 멀리 뱉기
5회기	자기통제 및 문제해결(1), 이완 훈련(2): 나의 목소리가 들려 • 마주 앉아 손뼉 치며 노래 부르기 • 깃털 높이 불어 올리기 • 젓가락으로 음식 먹여 주기
6회기	분노 조절(3): 내 안의 나 • 007 빵! • 작아지는 신문지 배 • 달고나 뽑기
7회기	분노 조절(4): 생각을 조심해! • 발로 풍선 차기 • 2인 3각 과자 따 먹기
8회기	분노 감정 인식, 조망 수용, 전환 및 공감 능력 향상: 너와 나의 마음 • 손가락 잡고 빼기 • 보자기로 풍선 튕기고 받기 • 빨대로 과자 전달하기
9회기	자기통제 및 문제해결(2): 나는 어떤 유형일까? • 3, 6, 9 손뼉 치기 • 인형 던지고 받기(2) • 팝콘 던져 받아 먹기
10회기	자기통제 및 문제해결(3): 잠깐! 생각해 보자 • 종이컵 쌓기 • 두 손 수레로 초콜릿 먹기
11회기	자기통제 및 문제해결(4), 긍정적 자아상 고취: 잠깐! 행동해 보자 • 엉킨 손 풀기(1)
추가 혹은 대체 가능한 치료놀이활동	• 엉킨 손 풀기(2) • 돌림 노래 부르기 • 기차놀이 • 도넛 돌려 먹기 • 등 사이에 풍선 끼고 돌아오기

1회기 만나서 반가워!

주제

프로그램의 의미와 목적 이해, 참여 동기 부여, 친밀감 형성

- 파트너 소개하기
- 공동의 규칙 정하기
- 개인의 목표 설정하기 & 규칙 정하기

목표

- 프로그램의 의미와 목적을 이해하고, 회기가 진행되는 동안 함께 지켜야 할 규칙을 정한다.
- 참여자들에게 동기를 부여하고, 자기소개를 통해 서로에 대한 친밀감을 형성한다.

도입

1. 들어가기
2. 인사 및 지도자 소개
3. 별명 짓기
4. 참여자들의 자기소개
5. 이름 외우기 게임
6. 프로그램 전반에 대한 소개

치료놀이활동

- 인사와 규칙 소개하기
- 방석 전달하기
- 인형 돌리기

준비물

- 활동지: 1-1 내 짝을 소개합니다, 1-2 우리가 함께 지켜야 할 약속, 1-3 과거, 현재, 미래의 나, 1-4 나 자신과의 약속
- 명찰 용지, 케이스, 매직, 사인펜, 규칙판, 양면테이프, 가위, 타임캡슐용 박스, 테이프 또는 열쇠, 치료놀이 활동 준비물

1. 들어가기

(1) 프로그램 전반에 대한 오리엔테이션을 실시한다.

"안녕하세요, 여러분. 오늘부터 우리가 함께 할 프로그램이 무엇인지 알고 있나요?

오늘 이 프로그램을 하러 올 때 어떤 생각을 했나요? 우리가 이 집단에서 어떤 활동을 할 거라고 생각을 했는지 한번 이야기해 볼까요? (편안하게 발표할 수 있도록 격려한다.)

아~ 그런 생각들을 하면서 이곳에 왔군요.

우리는 앞으로 1주일에 한 번씩, 총 11번을 만날 거예요. 한 번 만날 때 크게 두 부분으로 나누어서 진행할 건데, 앞부분에서는 재미있는 활동들을 같이 할 거고, 뒷부분에서는 어떻게 하면 화가 날 때 내 '감정'을 잘 조절하고, 합리적으로 '생각'해서, 적절하게 '행동'할 수 있는지를 배우고, 일상생활에서 활용할 수 있도록 연습해 볼 거예요."

〈Tip〉 앞부분은 치료놀이활동, 뒷부분은 인지행동치료 프로그램을 의미한다.

(2) 프로그램에서 진행되는 모든 활동에는 정답이 없음을 알린다.

"우리가 앞으로 함께 할 모든 활동은 누가 잘하고 못하는지 보는 것도 아니고, 정답이 정해져 있는 것도 아니에요. 그러니까 솔직하고 편안하게 같이 어울리고, 자기 생각을 있는 그대로 이야기하고, 적극적으로 참여하는 것이 가장 중요해요."

2. 인사 및 지도자 소개

(1) 지도자 개인에 대한 소개를 간단히 한다.

"안녕하세요? 선생님은 앞으로 여러분과 함께할 ○○○ 선생님이에요. 그리고 여러분 옆에 앉아 계신 분들도 계속 함께하실 선생님들이에요." (각 선생님들을 적절하게 소개한다.)

3. 별명 짓기

자신이 이번 프로그램에 참여하는 동안 불리고 싶은 이름을 떠올려 별명으로 정하고, 이를 이름표에 적도록 한다.

"우리가 앞으로 여기서 사용할 자기 이름을 지어 볼 거예요. 별명도 좋고, 영어 이름도 좋고, 사물이나 좋아하는 캐릭터의 이름도 좋아요. 여러분이 불리고 싶은 이름을 정해 보는 거예요."

주의 별명 짓기 도중 '놀림'의 위험성이 있으면 참여자들 이름 그대로 명찰에 적어 사용하도록 한다. 이미 참여자들끼리 잘 알고 있다면 별명 짓기는 생략할 수 있다.

4. 참여자들의 자기소개

참여자들이 돌아가면서 별명의 의미를 포함하여 간략하게 자신을 소개하도록 한다. 이때 이번 프로그램에 참여하게 된 동기, 프로그램을 통해서 얻고 싶은 것, 바라는 것, 염려되는 것 등을 자유롭게 이야기하도록 한다. 참여자들이 스스로 자기소개를 시작하기를 기다리는 것이 바람직하나, 만일 아무도 먼저 말하지 않는 경우에는 지도자가 먼저 시작하도록 한다(혹은 지도자 옆 사람부터 시작할 수도 있다).

5. 이름 외우기 게임

'별명 짓기' 활동을 진행하는 경우 실시한다. '별명 짓기' 활동을 하지 않는 경우, '이름 외우기 게임'은 생략하고 치료놀이활동을 시작하도록 한다.

참여자들의 이름을 계속 덧붙여 가며 마지막에 자신의 이름을 말하도록 한다. 게임이 진행될수록 옆에 있는 다른 참여자들의 이름을 더 많이 외워야 하는 게임으로서, 참여자들

모두가 모든 참여자의 이름을 어느 정도 숙지할 수 있을 때까지 진행하는 것이 좋다.

"이제부터는 친구들의 이름을 외워 보도록 할 거예요. 한 사람이 자신의 별명을 말하면, 옆 사람은 그 사람 별명에 자신의 별명을 이어서 말하면 돼요."

● 별명 외우기 – 저는 '하늘'입니다.
저는 '하늘' 옆에 '바다'입니다.
저는 '하늘' 옆에 '바다' 옆에 '나무'입니다.

● 별명 짓기 변형(스스로 자신의 별명을 짓는 것을 어려워하는 경우에도 사용 가능)

– 3명이 한 조가 되어 둥글게 마주 보고 앉는다. 명찰 용지를 하나씩 나누어 주면, 각자 이번 훈련과정 동안 불리고 싶은 별명 하나를 종이에 적는다.
– 이번에는 1인당 명찰 용지를 2장씩 나누어 주면, 자기 조원 두 사람의 분위기나 인상을 고려하여 부르기 좋고 듣기 좋은 별명을 하나씩 지어서 적어 준다. 모두 적은 후에는 그 별명을 지어 준 이유와 별명의 의미를 서로 설명해 준다.
– 각자 3가지씩 만들어진 별명 중에서 가장 마음에 드는 것을 하나 선택하게 한 후, 그 별명을 명찰케이스에 넣는다.
– 전체 참여자가 모여 한 사람씩 그 별명을 선택한 이유와 함께 자신의 별명을 소개한다. 자신과 다른 사람들에게 별명을 지어 주는 동안 느낀 기분이나 현재의 느낌을 함께 나눈다.

주제 1 파트너 소개하기

1. 인터뷰에 쓰일 질문이 적혀 있는 〈활동지 1-1: 내 짝을 소개합니다〉를 나누어 주고 두 명씩 짝을 지어 준다.

2. 각자 자신의 짝에 대해 활동지에 적혀 있는 내용을 인터뷰하듯이 물어보도록 한다.

3. 각자 자신의 짝을 인터뷰한 내용을 소개한다.

치료놀이(Theraplay)

"자, 이제 우리 서로 누구인지도 모두 소개했고, 어느 정도 얼굴도 익혔으니 아까 이야기 했던 대로 재미있는 활동을 시작할 거예요. 지금부터는 ○○○ 선생님의 말씀을 잘 듣고 같이 즐거운 시간을 보내 보도록 하지요." (치료자 선생님이 치료놀이활동을 진행한다.)

치료놀이활동을 위한 리더의 역할

- 활동에 대한 정확한 안내가 선행되어서 참여자들이 놀이의 진행과정과 규칙을 잘 이해할 수 있도록 한다.
- 놀이 안내 시 참여자들의 모델링이 되어 준다(예: 친근한 목소리와 눈 맞춤, 신체접촉의 부드러움 등).
- 놀이가 즐거우면서 오래 지속될 수 있도록 활동 중간중간에 격려의 말과 몸짓을 해 줌으로써 분위기를 북돋아 준다(예: 감탄사 사용–우후, 와우, 좋아, 엄지 척 등).
- 활동 진행 중 참여자들이 흥분했을 경우 진정시킨 후 다시 진행한다(예: 숨 고르기 등).
- 활동은 경쟁심보다는 즐거움과 협동심 증진에 초점을 맞춘다.
- 불쾌한 접촉이 일어나지 않도록 규칙을 정하여 설명해 준다. 참여자가 불쾌하다고 느꼈을 때는 자신의 느낌을 상대방에게 이야기할 수 있게 한다.

6. 프로그램 전반에 대한 소개

인지행동치료(CBT)의 기본 원리 소개

"자, 방금 재미있는 활동들을 했는데, 지금부터는 다음 내용에 대해 소개할게요. 우리가 앞으로 같이 할 프로그램에서는 화가 날 때 어떻게 하면 화가 나는 걸 잘 조절하고, 나에게 좋은 쪽으로 행동할 수 있는지 여러 가지 방법으로 배워 볼 거예요. 무엇이 우리를 화나게 할까요? 우리를 화나게 만드는 사건들에 대해 이야기해 볼까요? 화가 날 때는 어떤 생각이 드나요? 화가 나면 나는 어떤 행동을 하나요?" (아이들이 자유롭게 발표하도록 시켜 본다.)

–필요하면 보드판 위에 발표 내용을 적을 수 있다.

"생각과 감정과 행동 간에는 매우 밀접한 관계가 있어요. 어떤 하나가 다른 것에 영향을 줄 수도 있고, 특히 어떤 부정적인 생각이 자연스럽게 떠오르고 그 생각을 믿게 될 때 더 잘못된 행동을 하게 될 수도 있어요. 그런데 내가 하는 생각, 감정, 행동들을 의식적으로 구분하는 건 생각보다 어려워요. 그래서 이 3가지를 구분하는 연습을 많이 해 볼 거예요."

활동지 1-1 내 짝을 소개합니다

내 짝을 소개합니다.

- 이름: 홍길동
- 별명: 바다, 살인미소
- 취미 및 관심거리: 운동, 웹툰
- 좋아하는 노래: 애국가
- 좋아하는 음식: 떡볶이
- 좋아하는 계절: 가을
- 좋아하는 연예인: ○○○
- 지금 나의 기분: 답답하다
- 10년 후에 바라는 내 모습: 세계 일주 중
- 앞으로의 꿈: 선생님

주의 〈활동지 1-1〉을 작성할 때, 서로 공격적이거나 비난하는 말을 주고받지 않도록 보조치료자 선생님들이 주의 깊게 살펴보면서 지도한다.

주제 2 공동의 규칙 정하기

1. 프로그램 진행 시 반드시 지켜야 할 규칙의 필요성을 설명한다.
"우리가 앞으로 이곳에서 편안하고 즐겁게 함께하기 위해서는 서로 지켜야 할 것들이 있어요. 서로에게 도움이 되고 편안한 시간이 되기 위해서 우리가 반드시 지켜야 할 규칙들은 어떤 것들이 있을까요? 지금부터 함께 생각해 보고 규칙을 정해 보도록 해요."

2. 프로그램을 진행하는 동안 함께 지켜야 할 규칙을 참여자들 스스로 정할 수 있도록 한다. 만약 이러한 규칙이 지켜지지 않을 때 어떠한 행동이나 역할을 할지도 결정해 본다.

3. 미리 준비된 규칙판에 각자 적은 규칙을 하나씩 붙여서 규칙을 완성하고, 완성된 규칙을 큰 소리로 함께 읽어 보도록 한다. 적절한 규칙들이 나오지 않는다면, '참조'를 보고 몇 가지 예를 제시한다.
"이것은 여러분들이 스스로 '이것만은 꼭 지켜야 한다.'고 정한 규칙들이에요. 한번 큰 소리로 다 같이 읽어 볼까요?"
"이 약속들을 잘 지켜 나간다면 이 시간을 좀 더 재미있게 보낼 수도 있고, 여러분 각자가 많은 것을 얻어 갈 수 있는 의미 있는 시간이 되는 데 도움이 될 거예요. 앞으로 항상 이 약속들을 꼭 지킬 수 있도록 함께 노력해요."

※ 규칙을 정하는 과정에서 활용할 수 있는 질문들
- 서로 다치지 않고 안전을 유지하기 위해 필요한 규칙은 무엇일까?
- 우리 모두 한 팀이라고 느낄 수 있기 위해서는 어떤 규칙이 필요할까?
- 집단 활동을 방해하는 행동은 어떤 것일까?
- 주어진 과제를 잘 해내기 위해서 필요한 규칙은 무엇일까?
- 상대방의 기분을 나쁘게 하거나 규칙을 깰 경우 상황을 바로잡으려면 어떻게 해야 할까?

[참조] 활동 중 함께 지켜야 할 규칙들
1. 빠지지 않고 제시간에 참여하기(사정상 결석을 해야 할 경우 담당 선생님의 확인 필요)
2. 프로그램에 적극적으로 참여하기
3. "몰라요." "그냥 그랬어요." 등의 성의 없는 대답 안 하기
4. 상대방의 의견이 나와 다르더라도 존중하기
5. 상대방의 표현이 내 기분에 거슬리더라도 공격적인 반응(화내기, 욕설하기, 시비 걸기, 빈정거리기, 집적거리기 등)을 하지 않기
6. 뒷정리 잘하기(사용한 물품 정리정돈하기, 쓰레기 잘 치우기)
7. 집단에서 알게 된 내용과 함께 나눈 이야기들에 대해서 언제 어디서나 반드시 비밀 지키기
8. 프로그램 진행 과정에서 폭력행동 및 욕하지 않기
9. 친구들의 말을 중간에서 자르지 않고 귀 기울여 듣기

활동지 1-2 우리가 함께 지켜야 할 약속

우리가 함께 지켜야 할 약속

하나.

둘.

셋.

넷.

다섯.

여섯.

일곱.

여덟.

아홉.

열.

년 월 일

이름: (서명)

주제 3 개인의 목표 설정하기 & 규칙 정하기

1. 앞으로 프로그램에서 다루게 될 내용 및 목표에 대하여 확실히 인식시키며, 프로그램 참여에 대한 동기를 부여할 수 있도록 유도한다.

2. 각자 자신의 모습을 살펴보면서 이 프로그램을 통해 버리거나 변화시키고 싶은 나의 모습이 있는지, 또한 어떤 '나'로 변하고 싶은지 **〈활동지 1-3: 과거, 현재, 미래의 나〉**를 나누어 주고 적어 보도록 한다.

   "여러분들 각자 이 프로그램을 통해서 달라지고 싶은 자신만의 목표가 있을 거예요. 그게 어떤 건지 한번 찾아보는 시간을 가져 볼게요. 과거의 모습 중에 버리고 싶은 어떤 것이 있나요? 한번 '과거의 나' 칸에 적어 보세요."

   〈Tip〉 만약 내용을 어려워한다면 예시를 들어 줄 수 있다.

   미래의 나의 모습에 대해 적을 때에는 이 프로그램을 통해 '내가 변화하고 싶은 모습'에 초점을 맞추어 쓰도록 지도한다.

3. 각자 작성한 **〈활동지 1-3: 과거, 현재, 미래의 나〉**를 참여자들의 이름이 적힌 박스(타임캡슐)에 넣고 테이프로 봉하거나 열쇠로 잠가 놓는다. 이 타임캡슐은 프로그램이 끝난 뒤 열어 볼 것이라고 알려 준다.

   "이 타임캡슐은 프로그램이 끝나는 마지막 회기에 열어 볼 거예요. 마지막 회기에는 여러분들이 적어 놓은 대로 원하는 모습으로 변한 '나'를 볼 수 있기를 바라요. 그러기 위해서는 우리 모두 적극적으로 프로그램에 참여하며 노력해야겠죠?"

4. 마지막으로 원하는 목표를 이루기 위해 각자가 프로그램에 참여하는 동안 지키고 싶은 자기 자신과의 약속이나 규칙을 생각해 보고 **〈활동지 1-4: 나 자신과의 약속〉**에 적어 보게 한 후, 함께 그 내용을 나눈다. 이때 다른 사람의 발표를 들으며 자신 또한 지키고 싶다고 생각되는 내용이 있으면 자신이 정한 규칙에 추가하여 적을 수 있도록 한다. 서약서에 서명을 하게 함으로써 자신이 적은 내용에 책임감을 느낄 수 있도록 한다.

활동지 1-3 과거, 현재, 미래의 나

과거, 현재, 미래의 나의 모습을 적어 보세요.

과거의 나

가족에게 매일 짜증 내고 화낸 나.
물건을 던지고 가출도 한 나.
친구들을 괴롭히거나, 때리기도 한 나.

현재의 나

잘못을 반성하고 있는 나.
사람들과 멀어져서 외로운 나.

미래의 나

좋은 친구를 사귀고, 외롭지 않은 나.
다른 사람들과 잘 어울리는 나.
내 행동을 잘 조절할 수 있는 나.

년　　　월　　　일

이름:　　　　　　　　　　(서명)

활동지 1-4 나 자신과의 약속

나 자신과의 약속

하나.

둘.

셋.

넷.

다섯.

년 월 일

이름: (서명)

1회기 치료놀이활동

[활동] 인사와 규칙 소개하기

1. 참여자들이 원으로 둥글게 앉는다.

   "우리 모두 둥글게 앉을 거예요.

   (참여자들이 모두 앉으면) 만나서 반가워요."

2. 리더는 놀이 계획에 대해 안내해 준다.

   "우리는 오늘부터 ○요일에 만나서 ○○분 동안 재미난 몇 가지 놀이를 할 거예요."

3. 리더와 참여자들은 인사를 한다.

   "○요일에 만날 때마다 지금처럼 우리는 둥글게 앉아서 맨 처음 활동으로 인사를 할 거예요. 이 시간의 특별한 인사법을 알려 줄게요.

   손바닥으로 바닥을 2번 치고 손뼉을 2번 쳐요. 그리고 오른손의 엄지와 중지를 부딪치며 튕긴 후 왼손도 똑같은 방법으로 튕겨요. 마지막에 오른손을 높이 올리고 검지와 중지로 V 자를 만들어 '아자!'를 외쳐요.

   자, 우리 함께 해 봐요."

4. 치료놀이활동 규칙을 안내해 준다.

   "이 시간에는 우리가 함께 지킬 2가지 약속이 있어요.

   첫 번째는 '아무도 다치지 않아요.', 두 번째는 '모두 함께 즐겁게 놀아요.'예요."

[활동] 방석 전달하기

*활동 의도 및 효과
- 낯섦으로 인한 심리적 불편함을 최소화한다.
- 서로를 격려할 수 있다.
- 타인을 배려하는 행동을 배운다.

※ 준비물: 색깔이 다른 방석 2개(또는 각각 다른 종류의 인형)

1. 참여자들이 원으로 둥글게 선다.

   "이번 활동은 '방석 전달하기'예요.

   먼저, 팀을 홀수 팀/짝수 팀으로 나눌 거예요.

   자, 이제 나부터 오른쪽으로 차례대로 돌아가면서 숫자를 셀 거예요."

2. 리더가 기준이 되어 1부터 숫자를 센다.

   "자기의 숫자가 홀수인 사람 손 들어 봐요. 여러분들은 1번 팀이에요.

   자기의 숫자가 짝수인 사람 손 들어 봐요. 여러분들은 2번 팀이에요."

3. 1번 팀(홀수 팀)과 2번 팀(짝수 팀)에게 각각 색이 다른 방석(혹은 각각 다른 종류의 인형)을 준다.

   "이제 1번 팀과 2번 팀에게 방석을 1개씩 줄 거예요."

4. 리더의 신호에 따라 자기 팀에게 방석을 전달한다.

   "시작하면 각자 다음 자기 팀 친구에게 방석을 전달하는 거예요. 준비~ 시작~"

5. 2바퀴 정도 돌면 '그만~'이라고 신호를 주어 중단시킨다. 빨리하는 것보다 옆 친구에게 잘 전달하는 것에 대해 간단히 긍정적 평가를 해 준다.

[활동] 인형 돌리기

*활동 의도 및 효과

• 박자와 템포를 맞춤으로써 조절 능력을 증진한다.

※ 준비물: 참여자 수만큼의 인형

1. 참여자들은 원으로 둥글게 앉는다. 인형을 하나씩 나누어 갖고 바닥에 놓는다.

   "이번 활동은 '인형 돌리기'예요.

   먼저 무릎을 2번, 손뼉을 2번 치고 '패스'라고 말하면서 앞에 놓인 인형을 집어서 오른쪽 옆 사람 앞으로 전달해요.

   여러분도 함께 박자에 맞춰 '쿵쿵 짝짝 패스'라고 말해요."

   (이때 손동작 박자에 맞춰 리드미컬하게 '쿵쿵 짝짝 패스'라고 함께 말하며 즐겁게 놀이한다.)

2. 전체 참여자가 한 바퀴 돌고 나면, 리더는 손동작을 첨가해 나간다.

   "이번에는 '쿵쿵 짝짝 틱톡 패스'라고 말하면서 옆 사람에게 전달할 거예요.

   틱은 오른손 엄지와 중지를 부딪치며 튕기는 거예요.

   톡은 왼손을 오른손과 똑같은 방법으로 튕기는 거예요."

3. 리더의 신호에 따라서 속도를 빠르게 또는 느리게 조절해 가며 놀이한다.

정리

- 프로그램 참여를 통해 느낀 점, 앞으로 기대되는 점, 걱정되는 점 나누기
  "오늘 첫 시간이었는데 프로그램에 참여하면서 혹시 궁금한 점이 있나요? (질문을 받는다.)
  첫 시간이라 어색하고 불편한 점들도 있었을 텐데, 여러분 모두 열심히 참여해 주어서 고마워요.
  이번 시간이 어땠는지 돌아가면서 한 명씩 이야기해 볼까요?"
- '각 회기의 참여소감을 다섯 글자로 이야기해 보기'와 같은 방법을 매 회기 정리 시간에 활용할 수 있다.
  예: '어라, 재밌네.' '조금 어색해.' 등
- 다음 시간에 대한 공지
  "다음 시간에는 폭력에 대해서 배울 거예요. 폭력의 종류에는 어떤 것들이 있는지, 장난과 폭력은 어떻게 다른지 같이 생각해 볼 거예요."

주의사항

- 참여자들이 작성한 규칙이 모호하지 않도록 도와준다.
- 지켰을 때의 보상과 안 지켰을 때의 벌을 참여자들이 스스로 정하도록 한다.
- 프로그램에 적극적으로 참여하지 않았을 때 참여자들에게 취해질 수 있는 조치에 대해 설명하되, 지나치게 강압적인 느낌이 들지 않도록 한다.

2회기 이것도 폭력!

주제

폭력에 대한 올바른 이해

- 폭력의 정의와 종류에 대해 이해하기: 신체적/언어적/관계적 폭력

목표

- 폭력의 정의와 종류에 대해 이해하도록 한다.
- 폭력의 개념을 인식하고, 장난과 폭력을 구분하도록 한다.

치료놀이활동

- 손잡고 훌라후프 통과하기
- 인형 던지고 받기(1)
- 뻥과자 돌려 먹기

준비물

- 활동지: 2-1 폭력 상황 카드, 2-2 폭력/비폭력 상황 카드, 2-3 폭력 상황 카드 분류판, 2-4 ○× 게임용 문장
- ○× 게임용 테이프(혹은 팻말), 치료놀이활동 준비물

2회기 치료놀이활동

[활동] 손잡고 훌라후프 통과하기

*활동 의도 및 효과
- 신체 조절 능력을 증진한다.

※ 준비물: 15명 기준으로 훌라후프 3개

1. 참여자들은 손을 잡고 원으로 둥글게 선다.
   "이번 활동은 '손잡고 훌라후프 통과하기'예요.
   우리 모두 양쪽 옆에 있는 사람과 손을 잡아요."

2. 리더가 훌라후프를 통과하여 옆 사람에게 전달한다.
   "내가 먼저 통과해 볼게요.
   이렇게 손을 잡은 채로 훌라후프를 통과해서
   옆 사람에게 훌라후프를 전달해 주세요."

3. 훌라후프를 전달받은 사람은 자신이 통과한 후,
   다시 옆 사람에게 전달한다.
   "훌라후프를 전달받은 사람은 몸이 빠져나온 뒤
   오른쪽 사람에게 훌라후프를 전달해 주세요."

4. 잘 진행되고 나면 훌라후프의 수를 늘린다.
   "이제 나와 두 사람이 훌라후프 3개를 갖고 시작할 거예요.
   훌라후프가 전달되는 동안 손을 계속 잡고 있을 거예요."

5. 한 참여자가 1~3번 통과하여 훌라후프가 활동을 시작한 사람에게 오면 활동을 끝낸다.

[활동] 인형 던지고 받기(1)

*활동 의도 및 효과

- 자신과 타인의 이름이 불리고 부르는 활동을 통해 긍정적 자기 인식을 경험한다.
- 조절 능력(힘, 방향, 시간)을 증진한다.

※ 준비물: 인형 5개

1. 참여자들은 원으로 둥글게 앉는다.

"'인형 던지고 받기'를 할 거예요.

인형을 던져 주면 받아서 다시 다른 사람에게 던져 주는 거예요.

인형을 던져 줄 때 받을 사람의 이름을 부르며 던져 주세요."

2. 5~6개의 인형을 리더 앞에 준비해 놓는다.

3. 리더가 참여자 중 한 사람의 이름을 부르며 인형을 던져 준다.

"'○○야~' 하고 이름을 부르며 인형을 던져 주면 그 사람이 인형을 받는 거예요.

○○야~

이제 ○○가 다른 친구의 이름을 부르며 던져 주세요.

인형을 받지 않은 친구에게 던져 주세요."

4. 마지막으로 인형을 받은 사람은 리더에게 던져 준다.

"자, 마지막으로 받은 사람은 나에게 던져 주세요."

5. 한 번의 놀이 경험이 끝나면 인형 5개를 시간 차이를 두고 던져 주고 받는다.

"이번에는 5개의 인형을 시간 차를 두고 던져 줄 거예요.

인형은 한 사람에게만 계속 던져 줄 수 있어요."

(예: A가 맨 처음 B에게 주면, A는 남은 인형 4개도 B에게만 던져 준다.

인형 2개까지는 조금 천천히 던져 주고 놀이 상황에 맞게 속도를 조절한다.)

[활동] 뻥과자 돌려 먹기

*활동 의도 및 효과
- 즐겁게 먹으면서 조절 능력을 향상시킨다.
- 단순한 활동을 통해 즐거움을 경험한다.

※ 준비물: 뻥과자

1. 참여자들은 원으로 둥글게 앉는다.

   "이번 활동은 '뻥과자 돌려 먹기'예요.

   동그란 뻥과자를 손가락에 끼워 계속 동그란 모양을 만들면서 먹는 활동이에요."

2. 리더는 참여자들에게 뻥과자를 하나씩 나눠 준다.

   "자, 뻥과자를 다 받았지요? 조심해서 뻥과자의 가운데를 뚫어 검지를 끼웁니다.

   뻥과자를 끼운 친구들은 끼운 채로 손을 들어 보세요. 잘 끼웠어요.

   이번엔 손가락에 끼운 뻥과자를 돌려 먹으면서 작은 원을 만들어 봅니다."

3. 리더는 참여자들이 함께 시작할 수 있도록 신호를 준다.

   "자, 시작해요.

   한 바퀴를 돌려서 먹은 친구들은 뻥과자가 작은 원이 되었는지 보세요. 좋아요.

   계속 돌려 먹으면서 가장 작은 원으로 만들어요."

4. 서로에게 보여 준다.

   "가장 작은 원을 만든 친구는 검지를 들고 빙고를 외쳐 주세요."

5. 뻥과자의 숫자를 조절해서 활동할 수 있다.

주제 1 폭력의 정의와 종류에 대해 이해하기

"여러분들은 '폭력'이 무엇인지 구체적으로 알고 있나요? 어떤 행동을 폭력이라고 하는지 잘 모르는 경우가 많은 것 같은데, 여러분들은 어떤가요? 폭력이 무엇인지 잘 모른다면, 폭력을 당하는 상황에서도, 폭력을 목격하게 되는 상황에서도 적절하게 대처할 수가 없어요. 폭력과 관련된 상황에 처했을 때 올바르게 대처하기 위해서 우선 '폭력'이 무엇인지 이해하는 것이 중요해요."

1. 폭력의 종류 분류하기 – 신체적 폭력, 언어적 폭력, 관계적 폭력
"폭력에는 여러 가지 종류가 있어요. 크게 신체적 폭력, 언어적 폭력, 관계적 폭력으로 나누어 볼 수 있는데, 우선 신체적 폭력은 다른 사람의 몸을 건드려서 아프게 하거나 힘들게 하는 행동을 말해요. 언어적 폭력은 다른 사람의 약점을 가지고 말로 상처를 주는 행동이고, 관계적 폭력은 다른 사람을 따돌리고 무시하는 행동을 말해요."

다른 사람들을 괴롭히는 행동이 포함된 〈활동지 2-1: 폭력 상황 카드〉의 사례를 읽어 주면서 이것이 무슨 상황인지에 대해 묻고 이 행동이 폭력인지 아닌지를 맞혀 보도록 한다.

"지금부터 읽어 주는 사례를 잘 듣고 이 사례가 폭력에 해당하는지 함께 생각해 보는 시간을 가질 거예요. 폭력의 세 가지 유형, 즉 신체적 괴롭힘, 언어적 괴롭힘, 관계적 괴롭힘 중 어디에 해당하는지 맞혀 보세요."

2. 〈활동지 2-2: 폭력/비폭력 상황 카드〉를 활용하여 폭력의 개념에 대해 이해한다.
"자, 여기에 상황 카드들이 여러 개 있지요. 이 상황 카드들 중에서 다른 사람들을 괴롭히고 힘들게 하는 행동을 구분해 볼 거예요. 만약 폭력행동일 경우에는 3가지의 괴롭힘 행동 중에 어디에 속하는지 생각해 보고, 해당하는 곳 분류판에 붙여 보도록 하세요. 그리고 폭력이 아닌 상황 카드도 찾아보세요."

3. 장난과 폭력 구별하기 – 장난과 괴롭힘 행동의 차이에 대해서 생각해 볼 수 있도록 한다.
"그렇다면 장난과 괴롭힘은 어떻게 다를까요? 여러분들은 어디까지가 장난이라고 생각하나요? 장난은 친구들 사이에서 흔히 벌어지는 일로 친한 친구들끼리는 때로는 짓궂은 장난을 하면서 함께 웃고 즐기기도 하죠. 하지만 장난으로 인해서 친구가 기분이 언짢고 화가 나고 위협감을 느끼면, 그것은 더 이상 장난이 아니에요. 또한 '그만해.'라고 했는데도 계속 장난을 친다면 그때도 더 이상 장난이 아니에요. 그것은 폭력이 되는 거죠."

활동지 2-1 폭력 상황 카드

이것이 무슨 상황인지에 대해 묻고, 이 행동이 폭력인지 아닌지 맞혀 보세요.

신체적 폭력

'야!' 하며 ○○를 툭 밀친다. 별 반응이 없다. 이번에는 머리카락을 잡아당긴다.

오늘 시험인데 공부를 안 했다. 시험 보는 도중에 앞에 앉은 ○○의 의자를 툭툭 치며 시험지를 보여 달라고 했다.

언어적 폭력

○○이 머리를 감지 않았는지 머리에서 냄새가 났다. 집에 가면서 다른 친구에게 "야~ 오늘 ○○이 머리 냄새 나서 죽는 줄 알았어. ○○ 너무 더럽지 않냐?"라고 말했다.

성이 채 씨인 친구가 있다. 키도 작고 빼빼 말라서 평소에 "야! 채소!"라고 부른다. 내가 생각해도 기가 막힌 별명이다.

친구가 하는 행동이 매우 거슬린다. 그래서 생각날 때마다 '정신 좀 차리고 똑바로 하라고, 짜증 난다'고 카톡을 보낸다.

관계적 폭력

체육 시간이다. 평소에 체육을 제일 잘한다고 인정받던 나인데, 오늘 ○○가 나보다 잘한다고 주목을 받았다. ○○가 우쭐거리는 것 같고 짜증이 난다. 그래서 체육 시간 이후로 ○○가 말을 걸어도 대답도 안 하고 눈도 안 마주치고 있다.

체육 시간에 반에서 도난 사건이 터졌다. 분명 평소에 빌빌거리고 못나 보이는 ○○가 훔쳐 간 게 분명하다. 증거는 없지만 반 아이들에게 ○○가 도둑질을 했다고 소문을 냈다.

활동지 2-2 폭력/비폭력 상황 카드

카드를 보고 〈활동지 2-3: 폭력 상황 카드 분류판〉에 분류에 맞게 적어 보세요.

친구가 실수해도 모른 척해 주기	외모에 자신 없어 하는 친구에게 외모에 관련된 농담을 계속하기	친구가 나를 부르는데도 아는 척하지 않기
친구가 눈을 피할 때까지 노려보기	간식 나눠 먹기	친구의 실수에 '다음에는 더 잘할 수 있을 거야.'라고 말해 주기
평소 부르던 별명을 불렀는데 오늘 컨디션이 좋지 않았던 친구가 '그만해.'라고 말했지만 계속 별명 부르기	날 괴롭히는 친구의 나쁜 소문을 퍼트리기	서로 합의하에 팔씨름하기
실수하면 낄낄대며 웃기	상대방의 말을 잘 들어 주기	잘 알고 있던 친구에게 기분 나쁘지 않은 선에서 별명 부르기
나보다 힘이 약한 친구에게 계속 심부름시키기	친구가 다른 친구를 돕는 것을 막기	어깨 주물러 주기
운동할 때 끼워 주기	친구의 표정이 굳어 있지만 친구가 귀엽다고 볼을 잡아당기기	식당에서 줄 서 있는 동안 친구를 밀치기

주의 장난과 폭력의 차이에 대해 생각해 볼 수 있도록 한다.

활동지 2-3 폭력 상황 카드 분류판

⚘ 〈활동지 2-2: 폭력/비폭력 상황 카드〉의 상황을 분류에 맞게 적어 보세요.

신체적 괴롭힘

나보다 힘이 약한 친구에게 계속 심부름시키기, 친구의 표정이 굳어 있지만 친구가 귀엽다고 볼을 잡아당기기, 식당에서 줄 서 있는 동안 친구를 밀치기

언어적 괴롭힘

외모에 자신 없어 하는 친구에게 외모에 관련된 농담을 계속하기, 평소 부르던 별명을 불렀는데 오늘 컨디션이 좋지 않았던 친구가 '그만해.'라고 말했지만 계속 별명 부르기

관계적 괴롭힘

친구가 나를 부르는데도 아는 척하지 않기, 친구가 눈을 피할 때까지 노려보기, 날 괴롭히는 친구의 나쁜 소문을 퍼트리기, 실수하면 낄낄대며 웃기, 친구가 다른 친구를 돕는 것을 막기

비폭력

친구가 실수해도 모른 척해 주기, 간식 나눠 먹기, 친구의 실수에 '다음에는 더 잘할 수 있을 거야.'라고 말해 주기, 서로 합의하에 팔씨름하기, 상대방의 말을 잘 들어 주기, 잘 알고 있던 친구에게 기분 나쁘지 않은 선에서 별명 부르기, 어깨 주물러 주기, 운동할 때 끼워 주기

주제 2 진실 혹은 거짓

1. 〈활동지 2-4: ○× 게임용 문장〉을 이용하여 폭력에 대한 진실/거짓 여부를 살펴본다.
   - 이때 폭력이 발생할 경우 이에 대한 조치 단계 및 폭력으로 받을 수 있는 처벌 등의 내용을 담아 참여자들이 받을 수 있는 처벌에 대해 자연스럽게 이해하고 폭력은 처벌을 받을 수 있는 범죄임을 인식할 수 있도록 한다.
   - 바닥에 ○×선(혹은 ○× 팻말)을 준비하여, 게임 형식으로 참여자들이 각자 생각하는 답 쪽으로 이동하도록 한다. 이때 계속 정답을 맞혀 가장 늦게까지 남아 있는 참여자에게 작은 보상을 제공한다. 분위기에 따라 패자부활전 제도를 적용할 수 있다.

2. 참여자가 가장 많이 틀린 문항을 체크해 참여자들이 맞다고 생각하는 이유를 들은 후, 틀린 이유를 알려 준다.

3. 폭력 상황에서의 방관자의 역할에 대해서도 강조하여 설명한다.

4. 폭력에 대해 새롭게 알게 된 부분이나 느낀 점 등을 함께 나누어 본다.

활동지 2-4 ○× 게임용 문장

폭력에 대한 진실/거짓을 ○/×로 표시해 보세요.

내용	○/×
친구가 괴롭힘을 당할 때 옆에서 웃고만 있는 것은 폭력이 아니다.	×
진짜 맞을 만한 짓을 하는 사람들은 맞아야 한다.	×
나는 재미로 놀렸지만 상대방이 기분 나빠 한다면 폭력이 될 수 있다.	○
내 생각이 옳다면 나와 생각이 다른 사람들은 때려서라도 설득해야 한다.	×
자주 맞는다면 분명 맞는 사람에게 문제가 있을 것이다.	×
친구들이 괴롭힐 때 참지 말고 주변에 알리고 도움을 요청해야 한다.	○
여자를 때리는 것은 비겁한 일이지만 남자들끼리는 괜찮다.	×
때리거나 괴롭힐 때 친구가 '싫어.'라고 말해도, 실제로 속으로는 즐기는 것이다.	×
사람을 차별하는 일도 폭력이다.	○
친구들과 어울리려면 하기 싫어도 다른 사람을 괴롭힐 때 같이 괴롭혀야 한다.	×
화가 날 때 폭력을 사용하면 더 이상 화가 나지 않을 것이다.	×
많은 사람이 편하기 위해 소수의 사람이 희생되는 것은 어쩔 수 없다.	×
폭력을 통해 얻는 것보다 잃는 것이 더 많을 수 있다.	○
폭력은 내가 강하다는 것을 보여 주는 좋은 방법이다.	×
SNS로 하는 욕은 실제로 때리는 것보다 해가 안 되므로 어느 정도는 괜찮다.	×

정리

- 프로그램을 통해 느낀 점 나누기
  "오늘 함께 나눈 내용 중에 질문이 있나요? (참가자들의 질문을 받고 답해 준다.)
  오늘은 상대방의 기분을 상하게 하고 상대방에게 고통을 줄 수 있는 행동들에는 어떤 것들이 있는지 함께 알아보았어요. 누군가 나에게 이런 행동을 한다면 자신을 보호하기 위해서 적극적으로 대처해야 하고, 나 또한 누군가에게 이런 행동을 하지 않았는지 잘 생각해 보고 앞으로는 그러한 일이 없도록 노력했으면 좋겠어요."
- 폭력 발생 시 피해자가 어떤 피해를 받게 되는지, 가해자 또한 어떤 어려움을 겪게 되는지를 한번 정리하면서 폭력에 대한 기존의 왜곡된 생각이 전환될 수 있도록 돕는다.

주의사항

○× 퀴즈에서 틀린 문항에 대해서는 그 이유를 명확히 설명하여 참여자들이 단순한 게임으로 받아들이지 않도록 한다.

3회기 나의 분노 패턴은?

주제

분노 조절(1): 나의 분노 패턴 발견하기

목표

- 분노 조절의 필요성을 인식한다.
- 분노 감정이 일어났던 상황, 생각, 행동들을 돌아보고 나의 분노 패턴을 발견한다.

치료놀이활동

- 손잡고 풍선 치기
- 과일 이름 대기
- 손잡고 긴 과자 먹기

준비물

- 활동지: 3-1 나의 분노 패턴 발견하기, 3-2 감정온도계, 3-3 감정온도계(1)
- 감정(얼굴표정) 스티커, 치료놀이활동 준비물

3회기 치료놀이활동

[활동] 손잡고 풍선 치기

*활동 의도 및 효과
- 협동의 즐거움을 경험하게 한다.
- 신체적 조절을 증진한다.

※ 준비물: 팀 수만큼 분 풍선, 안 분 풍선 2개(예비)

1. 참여자들은 원으로 둥글게 선다.

   “이번 활동은 ‘손잡고 풍선 치기’인데 ○명(3~5명)씩 한 팀이 되어 할 거예요.
   가까이에 있는 친구들과 ○명씩 팀을 이루어 보세요.”

2. 각 팀은 둥글게 서서 양쪽 옆에 있는 사람과 손을 잡는다.

   “우리 함께 잡은 손으로 풍선을 칠 거예요.
   이렇게요. (리더는 한 팀에서 시범을 보여 준다.)
   풍선이 자신 쪽으로 오면 잡은 손을 올려 풍선을 쳐 보세요.
   풍선을 따라 움직이면서 쳐도 돼요.”

3. 각 팀에 크게 분 풍선을 1개씩 나누어 준다.

   “자, 신호를 주면 시작하세요. 시작.”

4. 손잡고 풍선 치는 활동이 익숙해지면 숫자를 세며 풍선을 친다.

   “이번에는 각 팀마다 풍선을 친 숫자를 세어 보세요.
   시작도 각 팀별로 해 보세요.”

5. 리더는 이 팀 저 팀으로 다니며 풍선을 잘 칠 수 있도록 도와준다.

[활동] 과일 이름 대기

*활동 의도 및 효과
- 팀워크를 통해 소속감을 경험한다.
- 간단한 놀이로 즐거움을 경험한다.

※ 준비물: 없음

1. 참여자들은 원으로 둥글게 앉는다.
"이번 활동은 '과일 이름 대기'예요. 먼저 옆에 앉은 친구와 2명씩 짝을 만들어요.
짝을 정했으면 내 짝과 의논해서 우리 팀의 과일 이름을 하나씩 정하도록 해요."

2. 놀이를 시작하기 전에 4박자 손뼉 치기를 해 본다.
"무릎, 손뼉, 오른손 엄지손가락, 왼손 엄지손가락 들기를 해서 4박자를 만드는 거예요.
하나(무릎), 둘(손뼉), 셋(오른손 엄지), 넷(왼손 엄지). 네, 좋아요."

3. 4박자 손동작에 맞추어 자기 팀부터 시작해서 오른쪽으로 돌아가며 팀의 과일을 소개한다.
"우리 팀부터 4박자 동작에 맞추어 우리 팀 과일을 소개할게요.
○○ 나왔다~ ○○ 나왔다."

4. 참여자들은 자기 팀의 이름을 모두 소개했으면 놀이를 시작한다.
"자, 이제부터는 다른 팀을 초대합니다. 두 사람 중 한 친구가 자기 팀을 소개하면 다른 한 명은 다른 팀을 초대하는 거예요. 초대에 2번 이상 나오지 못하면 쉬어야 해요.
시작해요.
○○ 나왔다 ○○ 나와라, ○○ 나왔다 ○○ 나와라."
(예: 사과팀-사과 나왔다 수박 나와라, 수박팀-수박 나왔다 딸기 나와라)

5. 탈락 팀이 4팀 정도 나오면 놀이를 끝낸다.

[활동] 손잡고 긴 과자 먹기

*활동 의도 및 효과
- 음식을 통해 마음을 진정시킬 수 있다.
- 도전 활동을 통해 즐거움을 경험한다.

※ 준비물: 긴 과자(인원수×3)(긴 막대 모양의 과자는 모두 활용할 수 있음.)

1. 참여자들은 원으로 둥글게 앉는다.
"이번 활동은 '손잡고 긴 과자 먹기'예요. 양옆에 있는 사람과 손을 잡고 긴 과자를 먹는 활동이에요."

2. 리더는 참여자들에게 긴 과자를 나누어 주고 다 받았는지를 확인한다.
"자, 긴 과자를 다 받았지요?
그러면 긴 과자를 입에 물고 양옆 사람과 손을 잡으세요."

3. 리더는 참여자들에게 동시에 함께 먹을 수 있도록 신호를 준다.
"긴 과자는 입에 물고 있다가 신호를 주면 먹기 시작하는 거예요. 시작!"

4. 활동이 익숙해지면 긴 과자의 숫자를 늘려서 할 수 있다.
"이번에는 2개로 할 거예요."

주제 1 나의 분노 패턴 발견하기

1. 자신의 분노 경험을 떠올려 보고, 일반적으로 자신이 어떠한 상황에서 화가 나는지 생각해 보도록 한다.
   "여러분들은 보통 어떠한 상황에서 화가 많이 나나요? 그때 나를 화나게 한 행동과 말은 무엇이었나요?"

2. 화가 날 때 자신이 보통 어떻게 행동하는지 신체적 · 행동적 변화를 인식하도록 한다.
   "화가 날 때 여러분들은 어떻게 행동했었나요?"
   나올 수 있는 대답의 예는 다음과 같다. 만약 참여자들의 참여가 소극적이거나 적절한 응답이 나오지 않을 경우, 다음을 예시로 제시하여 이러한 경우가 있었는지 해당하는 경우에 손을 들어 보도록 한다.

   [예]
   화가 폭발하여 소리를 지르게 된다.
   주먹을 꼭 쥐게 된다.
   머리가 깨질 듯이 두통이 생긴다.
   눈물이 난다. 울음이 터질 것 같다.
   아무 생각도 안 떠오른다.
   모두가 보기 싫고 밉다는 생각이 든다.
   물건을 던지고 싶어진다.
   누군가 때리고 싶어진다.
   내가 바보 같기만 해서 아무것도 할 의욕이 생기지 않는다.
   친구들을 피하고 싶어진다.

   "그 결과는 어떻게 되었나요? 화가 날 때 무조건 참았다는 친구도 있고, 있는 그대로 폭발했다는 친구도 있네요. 무조건 참으면 어떨까요? 참았던 화가 풀리지 않다가 결국 나중에 화가 폭발하기도 하고, 괜히 엉뚱한 사람에게 짜증을 내게 될 수도 있겠죠. 한편, 그냥 있는 그대로 폭발했을 때는 어떨까요? 무엇보다 내 기분은 어떻게 되었나요? 화를 폭발시키고 나면 내 기분이 좋아지던가요? 순간적으로는 후련한 기분이 들 수도 있겠지만, 결국 상대방과의 관계는 어떻게 될까요? 상대방의 기분이 언짢아지고, 관계가 껄끄러워지거나 갈등이 커질 수도 있을 거예요."

3. 〈활동지 3-1: 나의 분노 패턴 발견하기〉를 활용하여 평소 자신이 화가 나는 상황과 그 상황에서 자신의 변화를 생각해 보도록 한다.
   "지금부터 평소에 내가 어떤 상황에서 화가 나는지, 화가 날 때 내 신체적인 반응은 어떻게 변하는지, 그리고 어떤 행동을 하고, 그 결과가 어땠는지, 그래서 나는 무슨 감정을 느꼈는지를 적어 볼 거예요. 최근의 일을 떠올려 봐도 좋고, 기억에 남는 일을 떠올려 봐도 좋아요. 사소한 일에 대한 것도 괜찮으니까 생각하기 힘든 일을 굳이 기억해서 적을 필요는 없어요."

4. 자신의 분노 유형을 생각해 보도록 한다.
   분노 감정을 억누르는 분노 억제형, 분노 감정을 공격적이고 언어적 폭력으로 표현하는 분노 표출형, 분노를 조절하고 관리하려고 노력하는 분노 통제형으로 나누어 볼 수 있다.
   "자, 방금 전에 적었던 걸 살펴볼까요? 나는 화가 날 때 어떤 타입일까요? 화가 나면 꾹 참는 친구들이 있을 수 있어요. 분노를 표현하지는 않지만, 속으로는 온갖 생각이 떠오를 수 있겠죠. 또, 화가 나면 즉각적으로 말이나 행동으로 표현하는 친구들도 있을 거예요. 화가 날 때 생각나는 대로 내키는 대로 말하고 행동하다 보면, 나도 모르게 잘못된 표현을 하거나 충동적으로 행동을 할 수도 있을 것 같아요. 반면, 화가 날 때 일단 생각을 하고, 상황을 파악해서 적절하게 행동할 수 있도록 잘 통제하는 친구들도 있을 거예요. 나는 어떤 유형일까요?"

5. 〈활동지 3-2: 감정온도계〉를 활용하여 분노의 단계가 있음을 알게 하고, 각 단계마다의 감정 상태를 나타내는 단어를 써 보게 한다. 자신의 감정 정도를 알 수 있고, 이를 통해 분노 감정이 더 커지기 전에 먼저 대처할 수 있다는 사실을 알린다.
   "이 온도계로 화가 날 때 내 분노 감정의 단계를 확인해 볼 거예요. '매우 낮음'부터 '매우 높음'까지 내가 화날 때 각 단계별로 느껴지는 분노 감정을 표현할 수 있는 단어를 적어 볼까요? 혹은 그만큼 화가 났을 때 생각나는 걸 적어 봐도 좋아요. 정답이 있는 건 아니니 편하게 생각나는 대로 적어 보면 돼요." (아이들이 적은 것을 발표해 보도록 한다.)
   〈Tip〉 분노 감정을 표현하는 단어를 잘 적지 못하는 아이들을 위해, 감정(얼굴표정) 스티커를 붙이는 방식을 활용해도 좋다.
   "이렇게 화가 나는 걸 단계별로 나눠서 알아차릴 수 있게 된다면, 언젠가 화가 났을 때 '아, 내가 지금 ○○만큼 화가 났구나. 그럼 좀 위험한데? 조심해야겠다.'라고 떠올리고 나쁜 결과를 가져오는 행동을 하지 않도록 감정을 조절해 보거나, 일단 그 상황에서 벗어나서 감정을 추스를 수도 있을 거예요. 그리고 앞으로 이 프로그램에서는 이렇게 화가 났을 때 어떻게 대처할지에 대해 조금 더 자세히 배워 볼 거예요."

6. 〈활동지 3-3: 감정온도계(1)〉을 설명한다. 1주일 동안 어떤 상황에서 얼마나 화가 났는지 적어 보도록 한다. 다음 시간에 활용할 자료로 숙제를 해서 가져오도록 한다.
   〈Tip〉 만약 숙제를 해 오는 사람에게 작은 간식 혹은 상점 등을 제공할 수 있다면 이를 알린다. 작은 간식만으로도 참여자들의 동기 부여 효과가 커질 수 있다.

활동지 3-1 나의 분노 패턴 발견하기

평소 자신이 화가 나는 상황과 그 상황에서 자신의 변화를 생각해 보세요.

1. 평소 나를 화나게 하는 상황은
   - 상대방이 나를 무시한다는 느낌이 들 때
   - 상대방이 우리 부모님을 욕할 때
   - 차별 받을 때
   - 하려는 일이 잘 안 될 때
   - 내가 하지 않은 일로 억울한 일을 당할 때

2. 화가 날 때 나는?

신체적 변화	행동적 변화
심장이 빨리 뛴다.	주먹을 쥐게 된다.
얼굴이 붉어진다.	주먹이 나간다.
몸에서 열이 난다.	목소리가 커진다.
몸이 떨린다.	소리를 지른다.
거칠게 숨을 쉰다.	말이 없어진다.

3. 화를 내고 난 후의 결과는?

어떤 결과가 나타났는지?	그때의 내 마음은?
몸싸움이 났다.	짜증 난다.
주위 사람들이 쳐다봤다.	답답해진다.
서로 사이가 멀어졌다.	죄책감이 든다.
잃는 게 많아졌다.	후회된다.
합의금 등 경제적인 손실이 생겼다.	상대방에게 미안해진다.
	무섭다.

활동지 3-2 감정온도계

화날 때 각 단계별로 느껴지는 분노 감정을 표현할 수 있는 단어를 적어 보세요.

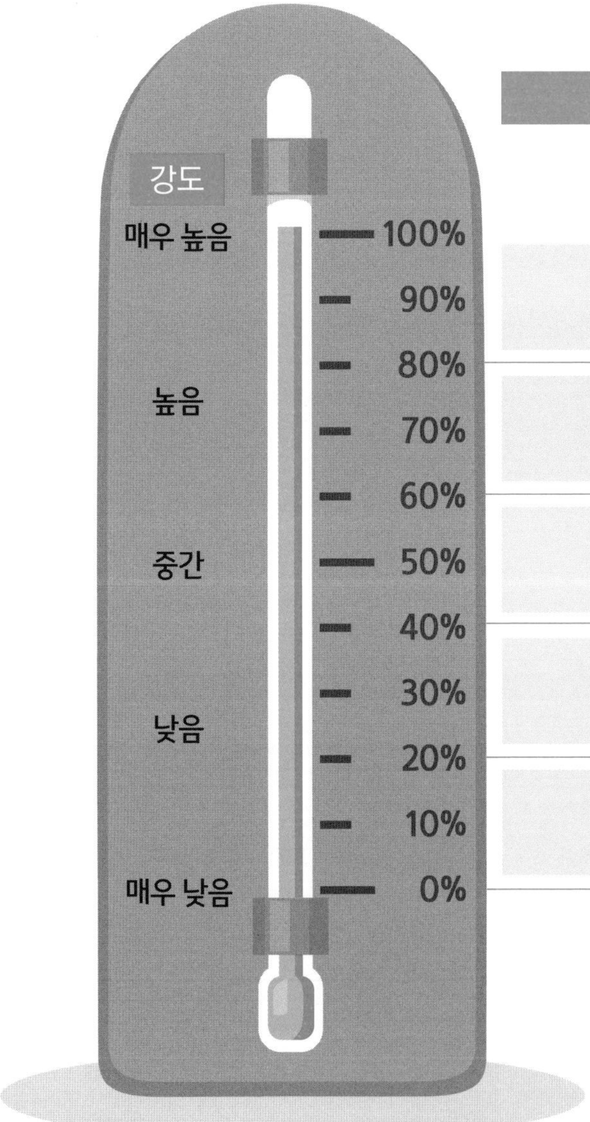

분노 표현 단어
싸울래?, 죽는다, XX (욕한다)
건드리지 마라, 화나려고 해
적당히 해라, 어쩌라고
그만해, 뭘 봐, 너 뭐하냐?
짜증 나, 뭐, 괜찮아 아직.

활동지 3-3 감정온도계(1)

1주일 동안 어떤 상황에서 얼마나 화가 났는지 적어 보세요. 화가 난 상황에서의 분노 감정 정도(강도)를 표시하고, 그때 어떤 상황에서 왜 화가 났는지에 대해 적어 보세요.

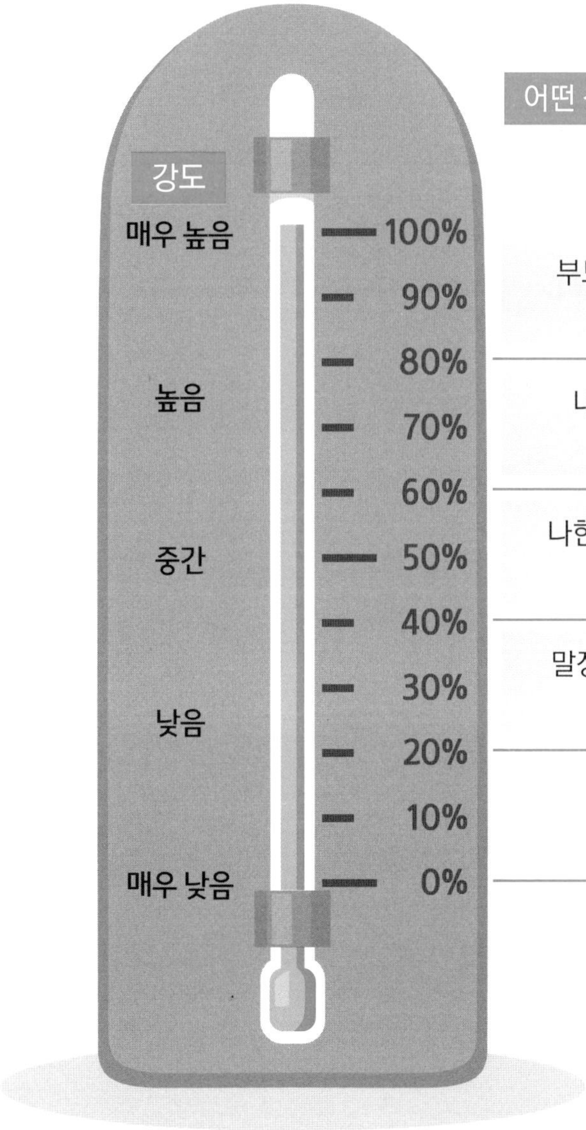

어떤 상황에서 화가 났나요?

부모님/가족 욕을 들음
(100%)

내게 욕하는 걸 들음
(80%)

나한테 시비를 걸었을 때
(60%)

말장난하면서 건드릴 때
(40%)

정리

- 활동에 대한 소감과 이번 회기를 통해 새롭게 알게 된 점 등을 함께 나눈다.
- 숙제로 〈활동지 3-3: 감정온도계(1)〉을 다음 회기까지 작성해 오도록 한다.

주의사항

지도자가 참여자들의 분노 상황을 충분히 이해하고 공감해 주며, 참여자들과 함께 대처방식에 대해 탐색하고 조언할 수 있어야 한다.

4회기 화난 내 몸

주제

- 분노 조절(2): 나의 분노 패턴 발견하기(2)
- 이완 훈련(1): 신체 자각

목표

- 분노 감정이 일어났던 상황, 행동들을 돌아보고 나의 분노 패턴을 발견한다.
- 내 몸에서 긴장은 어떻게 인식되는지 자각해 본다.
- 분노 감정에 노출되었을 때 내 몸의 신체 변화에 대해 알아차려 본다.

치료놀이활동

- 깃털 불어 전달하기
- 포도씨 멀리 뱉기

준비물

- 활동지: 3-3 감정온도계(1)-3회기에 작성했던 활동지 사용, 4-1 감정온도계(2)
- 조용한 음악, 도미노, 치료놀이활동 준비물

4회기 치료놀이활동

[활동] 깃털 불어 전달하기

*활동 의도 및 효과
- 호흡을 조절할 수 있다.
- 신체의 협응 능력을 기른다.

※ 준비물: 참여자 10명 기준으로 인조 깃털 5개

1. 참여자들은 옆 사람과 반 팔 정도의 간격을 두고 원으로 둥글게 앉는다.
   "이번 활동은 '깃털 불어 전달하기'예요.
   깃털을 손바닥 위에 올려놓고 오른쪽 옆 사람에게 불어 주면 돼요.
   옆 사람은 날아오는 깃털을 두 손으로 받아서 다시 오른쪽 옆 사람에게 불어 주는 거예요."

2. 리더는 3~4개의 깃털을 적당한 간격으로 나누어 주고 활동을 시작한다.
   "이제 숨을 힘껏 들이쉬고 조절해서 길게 내뿜으며 깃털을 날려 보세요.
   혹 떨어지는 경우에는 불어 주는 사람이 다시 집어서 시작해 주세요."

3. 리더의 안내가 있을 때까지 활동을 반복한다.

[활동] 포도씨 멀리 뱉기

*활동 의도 및 효과
- 공격적인 에너지를 놀이로 승화시킬 수 있다.
- 성취감을 느낄 수 있다.

※ 준비물: 포도, 종이컵

1. 참여자들은 나란히 한 줄로 맞은편 벽을 보고 앉는다.

"이번 활동은 '포도씨 멀리 뱉기'예요.

포도가 담긴 종이컵을 나눠 줄 거예요."

2. 리더는 참여자들에게 적당량의 포도가 담긴 종이컵을 나누어 준다.

"자, 이제 포도는 먹고 입 안에 씨만 남겨 두세요.

씨만 남은 사람은 손을 들어 주세요."

(참여자 모두 손을 들 때까지 기다릴 수 있도록 안내해 준다.)

3. 리더의 신호에 맞춰 입에 있는 씨를 멀리 뱉는다.

"우리 모두 준비가 됐어요.

'하나, 둘, 셋' 하면 씨를 힘껏 뱉는 거예요.

하나~ 둘~ 셋!

자기가 뱉은 씨가 어디까지 갔나 보세요."

4. 리더는 다시 활동을 준비시킨다.

"포도 한 개를 또 맛있게 먹고 신호를 주면 다 함께 씨를 뱉을 거예요."

5. 포도를 다 먹을 때까지 활동을 반복한다.

주제 1 감정온도계(1) 확인

1. 이전 시간에 배운 내용에 대해서 참여자들에게 질문을 받도록 한다. 이전 시간의 숙제인 〈활동지 3-3: 감정온도계(1)〉에서 어떤 상황에서 분노를 느꼈는지를 발표시킨다. 그때의 신체적 · 행동적 변화에 대해 설명하게 한다.
   "그때 몸의 어떤 변화가 있었나요? 혹은 화가 나서 어떤 행동을 했나요?"
   〈Tip〉 나올 수 있는 대답의 예는 다음과 같다. 만약 참여자들의 참여가 소극적이거나 적절한 응답이 나오지 않을 경우, 다음을 예시로 제시하여 이러한 경우가 있었는지 해당하는 경우에 손을 들어 보도록 한다. (감정온도계의 단계별로 어떻게 구분하여 적었는지, 단계마다 어떤 차이가 있는지에 대해 탐색해 본다.)

   [예]
   화가 폭발하여 소리를 지르게 된다.
   주먹을 꼭 쥐게 된다.
   머리가 깨질 듯이 두통이 생긴다.
   눈물이 난다. 울음이 터질 것 같다.
   아무 생각도 안 떠오른다.
   모두가 보기 싫고 밉다는 생각이 든다.
   물건을 던지고 싶어진다.
   누군가 때리고 싶어진다.
   내가 바보 같기만 해서 아무것도 할 의욕이 생기지 않는다.
   친구들을 피하고 싶어진다.

2. 만약 화를 냈다면, 화를 낸 후의 느낌에 대해 물어본다.
   "화가 났을 때를 단계별로 구분해서 적어 보았을 거예요. 어떤 차이가 있었나요? 참을 수 없을 만큼 화가 나서 말이나 행동으로 뭔가를 했을 때, 그게 어느 단계였나요? 그 결과가 나에게 미친 영향은 어땠나요?"
   "사람마다 화를 내는 방식이 모두 다를 수 있어요. 각자 느끼는 감정도 다르고, 신체적으로 어떤 변화가 있는지도 모두 조금씩 다를 거예요. 내가 어떤 방식으로 화를 내는지, 어느 정도 화가 나면 어떤 행동과 말을 하게 되는지를 알아차리는 게 중요해요. 내가 화내는 패턴을 알게 되면, 나에게 안 좋은 결과를 가져오게 될 행동이나 말을 하지 않도록 조절하는 데 도움이 될 거예요."

활동지 4-1 감정온도계(2)

1주일 동안 어떤 상황에서 얼마나 화가 났는지 적어 보세요. 화가 난 상황에서의 분노 감정 정도(강도)를 표시하고, 그때 어떤 행동을 했는지도 적어 보세요.

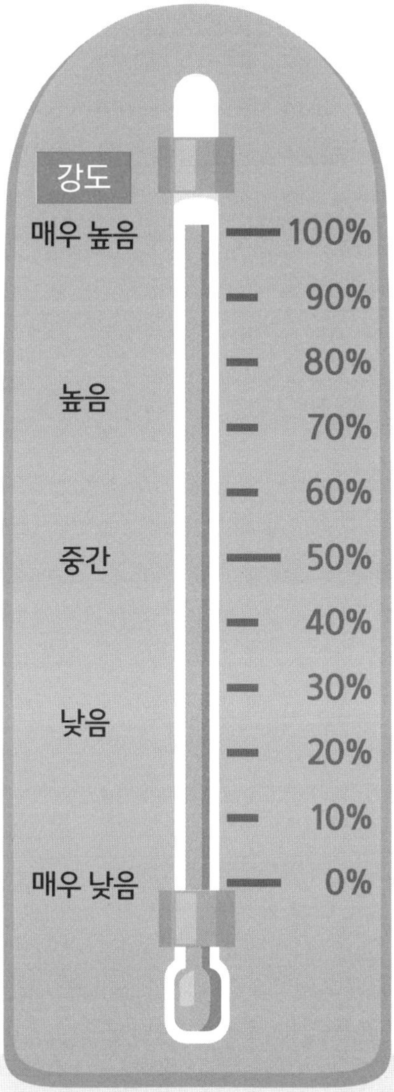

어떤 상황에서 화가 났나요?

욕을 들었음
(80%)

친구가 어깨를 치고 감
(60%)

그때 어떤 행동을 했나요?

나도 같이 욕을 함

친구를 노려 봄

주제 2 이완 훈련: 신체 자각

다음의 연습들은 신체 자각을 촉진시키고, 신체가 긴장하는 것을 알 수 있게 해 준다. 분노를 경험할 때 신체적으로 일어나는 변화를 스스로 알아차리는 것은 아이들이 주관적으로 느끼는 분노 상황에 대한 중요한 정보를 줄 것이며, 이는 아이들이 분노 조절 방법을 습득하고 발전시키는 데 도움을 줄 수 있을 것이다.

"오늘은 화가 날 때 내 몸이 어떤지 알아차리는 걸 할 거예요. 우리가 화가 날 때 이를 조절하기 위해서 바로 해야 할 것은, 우선은 '내가 화가 났구나.' 하고 알아차리는 거겠죠. 그다음에는 화가 나는 내 몸의 감각이 어떤지, 신체가 어떤지 느끼는 것이 중요해요. 우리의 몸과 마음은 긴밀하게 연결되어 있어서 화가 날 때 나도 모르게 신체부위에 변화가 일어나고 긴장되고 굳어요. 이럴 때 구석구석 긴장된 몸의 상태를 알아차리고 편안하게 이완시켜 주면 화도 가라앉고 보다 안정될 수 있어요. 근데 우리가 화가 날 때 바로, 즉시 몸이 어떤지 알아차리려면 연습이 필요해요. 오늘은 내 몸이 어떤지 신체부위를 알아차리는 연습을 할 거예요."

[내적 자각 대 외적 자각]

1. 먼저 자신의 외부에 주의를 집중하도록 한다. '나는 ~을 알아차린다.'와 같은 문장으로 시작한다.
   - 아이들을 자리에 앉게 한 후, 주변에서 일어나는 일들에 대해 말해 보도록 한다.

     "자, 지금부터 주변에서 일어나는 일들에 대해 말해 볼 거예요. 어떤 소리가 나고 어떤 냄새가 나는지, 뭐가 보이는지 알아차려 보는 연습을 해 볼 거예요."

     "예를 들어, 이렇게 말해 보는 거예요. '나는 복도에서 신발 끄는 소리를 내며 누군가 지나가고, 종이가 부스럭거리고, 의자가 움직이는 것을 알아차린다.'"

   〈Tip〉 '~을 알아차린다.'는 문장을 사용하는 것을 어색해할 경우, 자유롭게 이야기하도록 한다.

2. 주변에서 일어나고 있는 것들을 알아차리게 된 후에, 주의를 자신의 신체와 신체감각, 즉 자신의 내부로 향하게 해서 초점을 전환시킨다.
   - 아이들이 자신의 신체감각에 대해 집중하여 말해 보도록 한다.

     "지금부터는 내 몸에서 일어나는 일들에 대해 말해 볼 거예요. 예를 들어, '나는 덥고, 내 위장이 꾸르륵 소리를 내며, 어깨가 굳어 있고, 코가 간질거리며, 다리를 떨고 있음을 알아차리고 있다.'라고 말해 볼 거예요.

   〈Tip〉 '~알아차리고 있다.'는 문장을 사용하는 것을 어색해할 경우, 자유롭게 이야기하도록 한다.

3. 내적 자각과 외적 자각을 번갈아 해 본다.
   • 앞의 두 가지(외부, 내부)를 하나씩 번갈아서 한 번에 이야기해 보도록 한다.
   "지금부터는 내 몸의 바깥 세계에서 일어나고 있는 일과 내 몸 안에서 일어나고 있는 감각들을 하나씩 번갈아 이야기해 볼 거예요. 예를 들어, '나는 의자가 엉덩이와 닿아 있고, 형광등의 불이 깜박거리고, 코가 간질거리고, 창문에서 바람이 불어오고 있다는 것을 알아차린다.'라고 말해 보는 거예요."
   • 한 번에 외적/내적 자각을 동시에 해 보는 것이 중요하다. 누군가 이야기했던 것을 다시 이야기해도 괜찮다고 격려하며 편안하게 이야기할 수 있는 분위기를 만들어 준다.

4. 이 연습은 아이들에게 자신의 내적 세계와 외적 세계 간의 실제 차이를 분리시키고 인식하게 해 준다. 이를 통해 분노를 유발하는 상황과 자신의 신체적 변화를 구분지어 인식할 수 있도록 도울 수 있을 것이다.

[분노 상황 시 신체 자각]

분노 상황을 떠올려 보고, 화가 날 때 신체적 변화가 어떻게 일어나는지 알아차려 본다.
"지금부터는 내가 과거에 화가 났던 상황을 하나 생각해 보세요. 가장 화가 났던 상황을 떠올려 보았을 때, 내 몸에서 어떤 변화가 일어나는지 살펴보도록 할 거예요. 조금 전에는 평소에 내 몸의 어떤 부분이 긴장하고 있는지를 살펴보았다면, 지금부터는 화가 났을 때 내 몸은 어떻게 다른지를 알아차려 보도록 할 거예요." (잘 기억이 나지 않는다고 하는 아이들에게는 프로그램 시간 중에 했던 상황을 다시 떠올려 보라고 제안한다.)
1) 눈을 감고 가장 화가 났던 상황을 떠올려 보도록 한다.
2) 화가 났던 상황을 떠올렸을 때, 내 몸의 변화는 어떤지 스스로 점검해 보도록 한다.
3) 심호흡을 하고, 긴장되었던 몸을 이완시키도록 한다.
4) 어떤 변화가 있었는지 이야기를 나누어 본다.
5) 이번 시간을 통해 주제 1에서 알아본 신체적 변화 외에 추가로 알게 된 것은 무엇인지 생각해 본다.

정리

- 활동에 대한 소감과 이번 회기를 통해 새롭게 알게 된 점 등을 함께 나눈다.
- 숙제로 〈활동지 4-1: 감정온도계(2)〉를 설명하고 다음 회기까지 작성해 오도록 한다.
- 숙제로 자기 전 혹은 명상시간에 신체 자각을 해 보도록 한다.

주의사항

아이들이 충분히 활동에 집중할 수 있도록, 지도자가 주의를 기울일 필요가 있다. 그러기 위해서는 지도자가 먼저 이완 훈련법들을 자연스럽게 구사할 수 있도록 훈련이 되어야 한다.

5회기 나의 목소리가 들려

주제

- 자기통제 및 문제해결(1): 혼잣말 방법
- 이완 훈련(2): 호흡 및 점진적 근육 이완법

목표

- 분노 감정이 일어났을 때 분노를 감소시키는 혼잣말, 분노를 증가시키는 혼잣말을 확인한다.
- 분노를 감소시키는 혼잣말을 통해 실제 분노 감정을 조절해 본다.
- 분노했을 때 긴장하는 몸을 이완시키는 방법을 배워 본다.
- 분노 조절의 한 방법으로 이완법을 사용할 수 있도록 훈련한다.

치료놀이활동

- 마주 앉아 손뼉 치며 노래 부르기
- 깃털 높이 불어 올리기
- 젓가락으로 음식 먹여 주기

준비물

- 활동지: 5-1 혼잣말 각본, 5-2 긍정적 혼잣말 목록, 5-3 감정온도계(3)
- 조용한 음악, 치료놀이활동 준비물

5회기 치료놀이활동

[활동] 마주 앉아 손뼉 치며 노래 부르기

*활동 의도 및 효과
- 함께 맞춰서 하는 활동으로 협동심을 증진한다.
- 신체 조절 능력을 증진한다.
- 타인과 속도를 조절할 수 있다.

※ 준비물: 없음

1. 참여자들은 2명씩 짝이 되어 마주 보고 앉는다.

   "이번 활동은 '마주 앉아 손뼉 치며 노래 부르기'예요."

2. 참여자들은 오른손은 손바닥, 왼손은 주먹을 쥔다.

   "우리 한번 연습해 봐요.

   자, 오른손은 펴서 손바닥이 보이게 하고 왼손은 주먹을 쥡니다.

   마주 보고 앞 사람의 손을 가볍게 치는 거예요.

   이번에는 반대로 오른손은 주먹, 왼손은 손바닥으로 쳐요."

3. 노래(〈퐁당퐁당〉 〈산토끼〉 등 쉬운 동요)에 손을 친다.

   "앞 사람과 노래에 맞춰 손을 쳐 봐요."

4. 익숙해지면 리더가 속도를 조절한다.

[활동] 깃털 높이 불어 올리기

*활동 의도 및 효과
- 호흡을 조절한다.
- 협동심을 증진한다.

※ 준비물: 팀 수만큼의 깃털

1. 참여자들은 원으로 둥글게 선다.

   "이번 활동은 '깃털 높이 불어 올리기'예요.

   가까이에 있는 친구들과 ○명(2~4명)씩 한 팀을 만드세요.

   각자 팀들은 둥글게 서세요."

2. 리더는 각 팀의 한 명에게 깃털을 1개씩 나누어 준다.

   "깃털을 받은 사람은 '시작' 하면 깃털을 힘껏 위로 불어 올리는 거예요.

   팀원들은 깃털이 바닥에 떨어지지 않도록 계속 깃털을 불어 올리면 돼요.

   자, 가장 오래 깃털을 불어 올린 팀은 어느 팀이 될까요?

   준비, 시작."

3. 리더는 활동 분위기를 보며 놀이를 진행한다.

[활동] 젓가락으로 음식 먹여 주기

*활동 의도 및 효과
- 음식을 통해 마음을 진정시킬 수 있다.
- 규칙을 즐겁게 수용할 수 있다.
- 서로 먹여 주는 활동을 통해 즐거움을 공유한다.

※ 준비물: 긴 젓가락(30~45cm), 너겟, 귤 조각, 방울토마토, 접시(참여자 수만큼)

1. 참여자들은 원으로 둥글게 앉는다.

"옆에 앉은 친구와 2명씩 짝을 만들어 마주 보고 앉을 거예요.
이번 활동은 '젓가락으로 음식 먹여 주기'예요."

2. 리더는 참여자들에게 접시에 담은 음식(너겟, 귤 조각, 방울토마토 등)과 긴 젓가락을 나누어 준다.

"자, 자신의 앞에 놓인 음식을 젓가락으로 집어 앞에 앉은 내 짝에게 먹여 주는 거예요."

3. 리더는 참여자들이 서로 배려하면서 먹여 줄 수 있도록 격려해 준다.

"이번에는 친구가 원하는 음식을 물어보고 먹여 주세요.
편안하게 먹을 수 있도록 음식을 집어 주는 속도를 조절해 주세요."

4. 집단의 특성에 따라 음식의 종류와 개수를 조절할 수 있다(방울토마토 대신 젓가락으로 집기 편한 스낵).

주제 1 분노 상황에서 혼잣말 확인하기

1. 이전 시간에 숙제로 제시한 〈활동지 4-1: 감정온도계(2)〉를 돌아가면서 발표한다. 화가 나는 '상황'과 그때 어떤 '행동'을 했는지 확인해 본다.
   〈Tip〉 치료자는 행동에 대해 '옳다, 그르다'는 판단보다는 솔직하게 이야기할 수 있는 환경을 만들어 준다.

2. 화가 날 때, 분노를 증가시키는 혼잣말과 감소시키는 혼잣말을 알아보도록 한다.
   "화가 날 때, 우리 입에서 순간적으로 나오는 말들이 있을 거예요. 혹은 소리 내어 말하지는 않더라도 내 마음속에 자연스럽게 떠오르는 말이 있을 수도 있죠. 이런 말들을 '혼잣말'이라고 해 보죠. 화가 날 때, 여러분들이 할 수 있는 혼잣말은 뭐가 있을까요? 나의 분노를 증가시키는 혼잣말을 할 수도 있고, 감소시키는 혼잣말을 할 수도 있을 거예요. 예를 들어 보죠. 사람이 많은 곳에서 어떤 사람이 여러분의 어깨를 치고 지나갔다고 생각해 보죠. 그때 어떤 혼잣말을 할 수 있을까요?"
   나올 수 있는 대답의 예는 다음과 같다. 만약 참여자들의 참여가 소극적이거나 적절한 응답이 나오지 않을 경우, 다음을 예시로 제시하여 이러한 경우가 있었는지 해당하는 경우 손을 들어 보도록 한다.

   [예]
   "미쳤군."
   "한 대 때리고 싶다."
   "잘못을 하고도 사과를 안 하네. 어이없어."
   "아 짜증 나. 뭐 어쩌라고."
   "앞으로는 이 사람을 무시해야지."
   "이번에는 그냥 넘어갈 수 없어."
   "화낼 가치가 없잖아."
   "일단 진정하자."
   "내가 이렇게 흥분한 이유는 뭐지?"
   "내 상황도 좀 생각해서 배려해 주면 좋을 텐데."
   "화내면 나만 손해다. 일단 참자."
   "화나지만 한 번 생각해 보자. 모르고 그랬을 수 있잖아?"
   "일단 심호흡 한번 해 보자."

   "자, 여러분. 다양한 혼잣말이 있었네요. 다들 속으로 이런 말들을 할 거예요. 대부분 화가 나면 부정적인 혼잣말을 하기 쉽죠. 당연한 거예요. 그렇지만 이렇게 화가 나는 상황에서 좀 더 중립적인 혹은 긍정적인 혼잣말을 해 볼 수도 있을 거예요."

3. 〈활동지 5-1: 혼잣말 각본〉을 활용하여 평소 자신이 화가 나는 상황을 적고, 그때 분노를 증가시키는 혼잣말, 분노를 감소시키는 혼잣말을 적으며 소리 내어 말하도록 한다. 그리고 그때의 느낌과 행동 결과를 예상해서 기록해 보도록 한다.
〈Tip〉 혼잣말을 적을 때, 다음 규칙에 따르도록 한다.
(1) 욕을 할 수는 없다. (2) 인격모독적인 말은 할 수 없다.
"다 적어 보았나요? 혼잣말에 따라서 느낌, 행동, 결과들이 달라지는 사람도 있고, 별 차이가 없는 사람도 있을 거예요. 사람은 누구나 자신이 느끼는 감정에 대처하는 방식이 다를 수 있어요. 조금 전에 해 본 것처럼 분노를 증가시키는, 내가 잘 쓰는 혼잣말을 확인해 보고, 화가 나는 상황에서 이런 말들을 사용하지 않으려고 노력하는 게 중요해요. 혹은 분노를 가라앉히는 데 도움이 되는 혼잣말을 자꾸 연습해 볼 수도 있을 거예요. 처음에는 좀 어색하겠지만 점차 익숙해진다면 소리 내지 않고 속으로 혼잣말을 하는 방법이 도움이 될 수 있을 거예요. 분노를 감소시키는 자신만의 마법의 주문을 외워 보는 거죠."

4. 〈활동지 5-2: 긍정적 혼잣말 목록〉을 작성해 보도록 한다. 이 목록을 각자 발표하게 하고, 외워 보도록 한다. 만약 목록 작성을 어려워한다면 다른 사람의 발표를 잘 듣다가 자신에게 도움이 될 만한 것을 적도록 한다. 치료자는 여기에 적은 혼잣말들을 화나는 상황에서 실제로 적용해 볼 것을 권유한다.
〈Tip〉 자신의 이름을 넣어서 "○○야, 그럴 수도 있지."와 같이 써 보도록 한다.

5. 숙제로 〈활동지 5-3: 감정온도계(3)〉을 나누어 준다. 화가 난 상황에서 어떤 혼잣말을 하였는지, 그때의 감정온도는 어느 정도였는지 기록하도록 한다.

활동지 5-1 혼잣말 각본

평소 자신이 화가 나는 상황을 적고, 그때 분노를 증가시키는 혼잣말, 분노를 감소시키는 혼잣말을 적어 보세요. 그리고 그때의 느낌과 행동, 결과를 예상해서 적어 보세요.

화가 나는 상황은?

나는 TV에 나오는 걸그룹 노래를 듣고 싶은데 옆 친구가 계속 떠든다. 그래서 "조용히 해."라고 말했지만 그 친구가 내 말을 무시하고 계속 떠든다.

분노를 증가시키는 혼잣말	분노를 감소시키는 혼잣말
'내가 약해 보여서 무시하는 게 틀림없어. 날 깔보는 거구나.'	'내 이야기를 못 들었을 수도 있겠지.'
↓	↓
감정 강도(표시하세요) 1 2 3 4 5 6 7 8 9 10 (✔ 8)	감정 강도(표시하세요) 1 2 3 4 5 6 7 8 9 10 (✔ 3)
↓	↓
행동 날 무시하는 친구에게 욕을 하면서 소리 질렀다.	행동 그냥 TV에 다시 집중한다.
↓	↓
결과 시비가 붙어 싸움이 난다. 이후 처벌을 받게 되었다.	결과 걸그룹 노래를 즐기다 보니 친구의 목소리가 들리지 않았다.

활동지 5-2 긍정적 혼잣말 목록

◈ 긍정적인 혼잣말을 가능한 한 많이 작성해 보세요.

> 중요한 것은, '혼잣말'은 머릿속으로 분노를 누그러뜨리고
> 행동을 조절하는 걸 돕기 위한 방법이라는 점이에요.

1. ○○(자신의 이름)아, 그럴 수도 있지.	
2. ○○(자신의 이름)아, 화날 일이 아니야.	
3. ○○(자신의 이름)아, 진정해.	
4. ○○(자신의 이름)아, 누구나 실수할 수 있어.	
5. ○○(자신의 이름)아, 금방 지나갈 거야.	
6. ○○(자신의 이름)아, 별거 아니야.	★
7. ○○(자신의 이름)아, 신경 쓰지 말자.	
8. ○○(자신의 이름)아, 이 정도는 참을 수 있어.	
9. ○○(자신의 이름)아, 화내면 너만 손해야.	
10. ○○(자신의 이름)아, 괜찮아 괜찮아.	

◈ 발표 이후에 가장 마음에 드는 혼잣말에 ★ 표시를 하세요.

활동지 5-3 감정온도계(3)

1주일 동안 어떤 상황에서 얼마나 화가 났는지 적어 보세요. 화가 난 상황에서 어떤 혼잣말을 했는지도 적어 보세요.

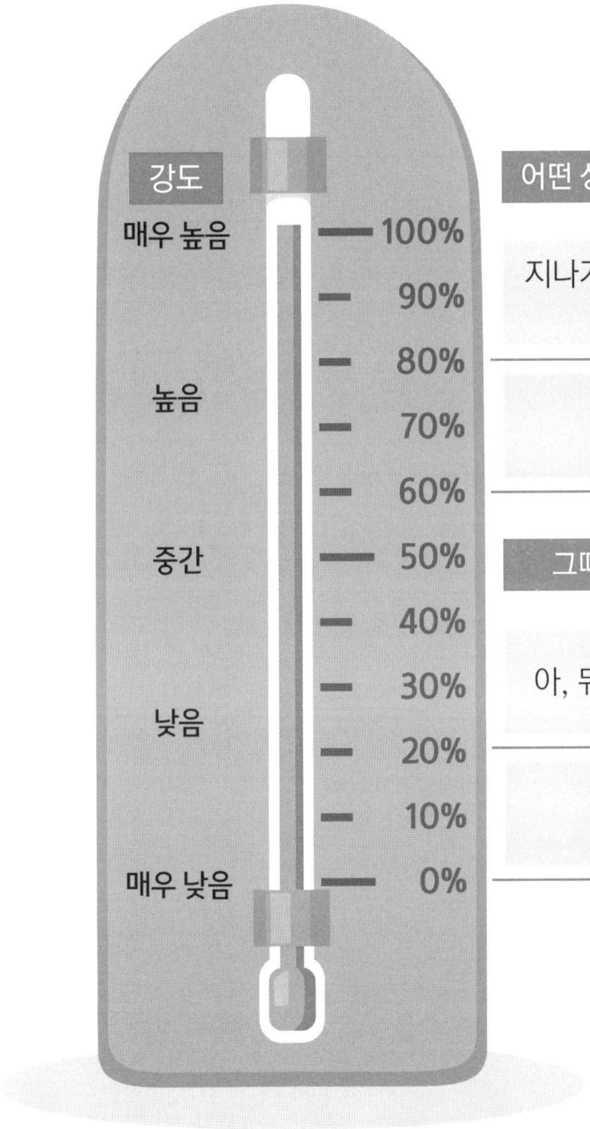

어떤 상황에서 화가 났나요?

지나가다가 어떤 사람이랑 어깨를 부딪침.

그때 사용한 혼잣말은?

아, 뭐야! 일부러 그랬나?

주제 2 이완 훈련(2): 호흡 및 점진적 근육 이완법

"여러분, 우리 이번에는 이완 훈련을 할 거예요. 지난 시간에 화가 날 때 내 몸이 어떤지, 신체반응은 어떤지 알아보는 시간을 가졌잖아요? 기억나세요? 이번 시간에는 호흡법이랑 근육을 이완하는 방법을 배워 볼 거예요.

지난 시간에도 이야기했듯이 화가 날 때 우리의 몸은 긴장되어 있어요. 근데 반대로 피곤하거나 몸이 힘든 상황에서도 더 쉽게 화가 나고 예민해질 수 있겠죠. 왜냐하면 우리의 몸과 마음은 하나로 연결되어 있기 때문이에요.

오늘은 화를 다스리는 방법 중에 두 가지, 호흡법과 근육 이완법을 배워 볼 거예요. 첫 번째는 규칙적이고 깊은 호흡을 통해 몸 전체의 각성 수준을 낮추는 것이고, 두 번째는 근육 이완을 통해 긴장감을 감소시키는 거예요."

[심호흡]

"우리가 보통 호흡을 신경 쓰지 않고 살죠? 근데 여러분, 화가 나거나 스트레스를 받을 때 한 번 우리의 호흡이 어떤지 집중해 보세요. 그럴 때 바쁘고, 거칠고, 얕은 숨을 쉬고 있는 것을 알 수 있어요. 이로 인해 가슴이 답답해지거나 숨을 몰아쉬게 되고 피로와 긴장감을 더 느끼게 돼요. 그래서 화가 날 때, 그 순간 나의 호흡에 집중하면서 가쁜 호흡을 편안하고 규칙적인 호흡으로 잡아 주면 마음도 같이 안정되고 편안해질 수 있어요. 이런 심호흡은 처음에는 적용하기 힘들 수 있지만 한번 익숙해지면 언제 어디에서든 간단하고 빠르게 긴장을 완화시킬 수 있어요. 지금부터 간단히 편안하게 호흡하는 것을 배워 볼게요."

-심호흡 대본-

이제 편안하게 앉은 자세를 취해 봅니다. 한 손을 배 위에 가볍게 올려놓고 천천히 호흡을 시작합니다. 자, 이제 숨을 들이쉬면서 하나부터 셋까지 천천히 셉니다. 이때, 무리하지 마시고 평소의 호흡량만을 들이쉬도록 하세요. 이제 숨을 내쉬면서 하나부터 셋까지 천천히 셉니다. 숨을 조금도 남기지 말고 끝까지 내쉽니다.

(한 손을 배 위에 놓고 심호흡하는 것을 보여 줌.)

숨을 들이마시며 하나, 둘, 셋(2초), 내쉬면서 하나, 둘, 셋(2초), 배가 올라가면서 하나, 둘, 셋(2초), 내려가면서 하나, 둘, 셋(2초), 다시 숨을 깊게 들이마십니다(2초). 들이마신 숨을 배꼽 아래로 깊게 내려 보냅니다(3초). 이제 배꼽 아래에서부터 천천히 숨을 내쉬면서 코를 통해 바깥으로 숨을 내보냅니다.

자, 지금 보는 것처럼, 배 위에 손이 오르락내리락하는 것은 호흡을 하고 있다는 거예요. 코로 깊게 숨을 들이쉬고, 폐를 공기로 가득 채운 후, 입을 통해서 숨을 고르게 천천히 내뱉는 거예요. 이렇게 심호흡을 하는 동안 '긴장이 풀린다.' '진정된다.' '괜찮다.'와 같은 말을 하는 것도 좋아요.

[점진적 근육 이완법]

"우리 이번에는 점진적 근육 이완 훈련을 할 거예요. 우리가 화가 나면 어떻게 된다고 했죠? 화가 나면 나도 모르게 몸이 긴장하는 경향이 있어요. 주먹을 쥐게 된다든지, 목이 뻣뻣해지기도 하죠. 화가 나는 순간에 잠시만 여유를 갖고 힘을 풀 수 있다면, 조금만 긴장을 풀 수 있다면 흥분을 가라앉히고 몸을 통제하는 게 훨씬 더 쉬워질 거예요."

-점진적 근육 이완법 대본-

먼저 눈을 감고 편안한 자세를 취합니다. 모든 근육을 편안하게 둡니다. 이제, 몸을 편안하게 이완시킨 상태에서, 오른손에 최대한 세게 주먹을 꽉 쥐어요. 5부터 숫자를 거꾸로 세어 나가는 동안 그대로 있습니다. 숫자를 세는 동안 손을 꽉 쥐고 있는 감각을 느껴 보세요. …… 5, 4, 3, 2, 1. …… 손의 힘을 빼면서, 손가락부터 팔까지 부드럽고 따뜻한 느낌이 전해지고, 긴장이 풀어지는 것을 느껴 보세요. …… 팔에서 이완되는 느낌이 가득해지는 것에 주의를 기울입니다.

이제 왼손을 최대한 꽉 쥔 채로, 5부터 숫자를 세는 동안 그대로 있습니다. …… 팔의 긴장에 주의를 기울입니다. …… 5, …… 4, …… 3, …… 2, …… 1. …… 주먹 쥔 손을 풀고, 꽉 쥔 느낌이 팔에서 사라져 가고, 따뜻하고 묵직하게 긴장이 풀어지는 느낌에 집중해 보세요.

이번에는 어깨를 머리와 목에 닿도록 구부려서, 5부터 1까지 셀 동안 몸이 조여지는 느낌에 집중합니다. …… 5, …… 4, …… 3, …… 2, …… 1. …… 어깨를 풀면서 머리부터, 목, 어깨에서 느껴지는 따뜻한 이완의 느낌에 주의를 기울입니다.

이제는 온몸을 긴장시켜 봅니다. 얼굴을 찡그리고, 어깨를 구부리고, 주먹을 꽉 쥐고, 팔에 힘을 주고, 등을 펴서 배에 힘을 주고, 다리에 힘을 주고 발가락을 구부립니다. 온몸을 나무판자처럼 꼿꼿하게 긴장시키고, 5부터 세는 동안 그 자세를 유지합니다. …… 5, …… 4, …… 3, …… 2, …… 1. …… 이제 긴장을 풀고 이완합니다. 몸 전체가 편안하게 느슨해지고 이완되고 차분해집니다. 긴장을 풀고 몸이 얼마나 따뜻해지고 묵직해졌는지 느껴 보세요. 몸에서 긴장이 풀어지는 느낌을 즐겨 보세요.

좋아요. 이제 눈을 뜨고 몸을 평상시처럼 움직이고, 필요하면 몸을 스트레칭해 주세요.

정리

- 활동에 대한 소감과 이번 회기를 통해 새롭게 알게 된 점 등을 함께 나눈다.
- 숙제로 〈활동지 5-3: 감정온도계(3)〉를 작성해 오도록 한다.
- 숙제로 자기 전 혹은 명상시간에 점진적 근육 이완법을 해 보도록 한다.

주의사항

- 회기 시간에 혼잣말을 적으며 소리 내어 읽어 보도록 한다.
- 아이들이 충분히 활동에 집중할 수 있도록 지도자가 주의를 기울일 필요가 있다. 그러기 위해서는 지도자가 먼저 이완 방법들을 자연스럽게 구사할 수 있도록 훈련이 되어야 한다.

6회기 내 안의 나

주제

분노 조절(3): 분노 뒤에 꼭꼭 숨어 있는 속마음과 욕구 알아보기

목표

- 분노를 유발하는 분노 뒤에 숨어 있는 욕구를 찾아본다.
- 나의 욕구를 충족시킬 수 있는 적절한 대처법을 찾아본다.

치료놀이활동

- 007 빵!
- 작아지는 신문지 배
- 달고나 뽑기

준비물

- 활동지: 6-1 숨겨진 욕구 사례, 6-2 화 뒤에 숨어 있는 나의 속마음, 6-3 욕구 카드, 6-4 셜록 홈즈
- 치료놀이활동 준비물

6회기 치료놀이활동

[활동] 007 빵!

*활동 의도 및 효과
- 인정 욕구를 충족시킨다.
- 협동심을 증진한다.
- 단순한 활동으로 즐거움을 유발한다.

※ 준비물: 없음

1. 참여자들은 원으로 둥글게 앉는다.

   "이번 활동은 '007 빵!'이에요.

   술래가 먼저 손가락으로 한 사람(혹은 자기 자신)을 가리키며 '공'이라고 말합니다.

   '공'을 받은 사람은 다른 사람(혹은 자기 자신)을 가리키며 '공'이라고 말합니다.

   두 번째 '공'을 받은 사람은 다른 사람(혹은 자기 자신)을 가리키며 '칠'이라고 말합니다.

   '칠'을 받은 사람은 다른 사람(혹은 자기 자신)을 가리키며 '빵!'이라고 말합니다.

   '빵'을 받은 사람과 좌우에 있는 사람은 양손을 들며 '으악!'이라고 외칩니다."

2. 리더가 첫 번째 술래가 된다. 처음엔 천천히 진행한다.

   "우리 함께 해 봐요.

   자, 내가 먼저 '공' 하면서 ○○을 가리킬 거예요.

   ○○는 다른 사람(혹은 자기 자신)을 가리키며 '공'이라고 하세요.

   그럼 ○○이 가리킨 △△는 다른 사람(혹은 자기 자신)을 가리키며 '칠'이라고 하세요.

   '칠'을 받은 ♡♡는 다른 사람(혹은 자기 자신)을 가리키며 '빵!'이라고 하세요.

   마지막에 '빵!'을 받은 ■■는 좌우에 있는 사람과 양손을 들며 '으악'이라고 외칩니다.

   (리더는 진행 상황을 보며 놀이에 도움을 준다.)

이제 ■■는 술래가 되어 처음부터 진행합니다.”

3. 익숙해지면 속도를 조절하며 전원이 참여할 수 있도록 배려한다.

“우리 이번에는 조금 빨리 해 봐요.

친구들 모두가 참여할 수 있도록 지목해 주세요.”

[활동] 작아지는 신문지 배

*활동 의도 및 효과
- 신체 조절 능력을 증진한다.
- 놀이에서의 즐거움을 경험한다.

※ 준비물: 참여자 수만큼의 신문지 전지

1. 참여자들은 원으로 둥글게 선다.

   "이번 활동은 '작아지는 신문지 배'예요.

   네 사람씩 작은 그룹으로 나누어서 해 봐요.

   각 그룹은 4명이 서로 둥글게 서 주세요."

2. 참여자 모두에게 신문지 전지를 1장씩 나누어 준다.

   "신문지를 펴고 그 위에 올라가 서 보세요.

   우리가 지금 올라서 있는 신문지는 배입니다."

3. 각자 신문지 위에 올라서서 네 사람이 함께 가위바위보를 한다.

   "신문지에 올라서서 가위바위보 하세요.

   가위바위보를 해서 진 사람들은 신문지를 반으로 접고 작아진 배에 다시 올라서 주세요."

   (배 위에 서서 버틸 수 있을 때까지 참여할 수 있다.)

4. 1명이 남을 때까지 활동을 반복한다.

[활동] 달고나 뽑기

*활동 의도 및 효과
- 집중력과 협응력을 증진한다.
- 도전 활동을 통한 유능감을 경험한다.

※ 준비물: 달고나, 받침 비닐, 이쑤시개(인원수만큼)

1. 참여자들은 원으로 둥글게 앉는다.

   "이번 활동은 '달고나 뽑기'예요.

   달고나에 있는 모양을 뽑아내는 활동이에요.

   해 본 적이 있는 친구 있어요?"

2. 리더는 참여자들에게 달고나와 받침 비닐과 이쑤시개 1개씩을 나누어 준다.

   "자, 달고나와 받침 비닐과 이쑤시개를 다 받았지요?

   먼저, 달고나를 받침 비닐에 올려놓아요.

   달고나 안에 있는 모양을 이쑤시개로 조심스럽게 눌러서 뽑아내 보아요."

3. 서로에게 보여 준다.

   "모양 뽑기에 성공한 친구는 모두에게 보여 주세요."

주제 1 분노 뒤의 속마음 찾기

시작 전에 〈활동지 5-3: 감정온도계(3)〉을 보고 어떤 혼잣말을 했는지 확인해 본다.

1. 화가 난다는 것의 의미에 대하여 이해시킨다.
"우리는 보통 '그 애 때문에 화가 나.' '걔가 그렇게 해서 화가 나.'라고 말해요. 하지만 내가 화가 난다는 것은 '다른 사람의 행동'이라는 한 가지 원인 때문만은 아니에요. 화가 난다는 것은 내가 바라는 것이 채워지지 않았다는 것을 의미해요. 내가 원하는 게 이루어지지 않았거나, 내 바람이 충족되지 않았기 때문에 화가 날 수도 있는 거죠. 그래서 우리가 그 사건을 어떻게 바라보고 해석하느냐에 따라 화를 내는 방식이나 정도가 달라질 수 있어요."
〈Tip〉 꼭 화가 나는 상황이 아니라고 해도 답답하거나 짜증 나는 등 부정적 감정이 드는 상황을 생각해 볼 수 있다.

2. 같은 상황에서도 다른 감정을 느낄 수 있음을 예를 들어 구체적으로 설명을 해 준다.
"내가 지금 운동을 하고 와서 너무 목이 마른 상황이에요. 탁자를 보니 컵에 물이 반이 있네요. A 친구는 이 컵을 보고 '물이 반밖에 없네.'라고 했고, B 친구는 '물이 반이나 있네.'라고 했어요. 같은 상황이라도 두 친구가 느끼는 감정이 다를 수 있겠죠?"
"또 하나 예를 들어 볼까요? 내가 정말 친해지고 싶은 친구가 있어요. 근데 그 친구가 내게 큰 관심을 안 보이고 있는 것 같아요. 그럼 마음이 어떨까요? 그 친구에게 화가 나기도 하고, 내가 못나서 그런가 싶기도 하고 마음이 불편할 것 같아요. 그런데 내가 그렇게 친해지고 싶지 않은 아이가 있는데, 그 아이도 나에게 큰 관심을 안 보일 때는요? 별 신경 안 쓸 것 같지 않나요? 내가 기대하는 것도 적기 때문에 화도 덜 날 수 있겠죠. 이렇게 상황이 같다고 하더라도 내가 기대하는 만큼 그 기대가 만족되지 못했을 때 더 화가 날 수도 있어요."

3. 〈활동지 6-1: 숨겨진 욕구 사례〉를 통해 분노 감정 이면의 나의 생각을 돌아본다.
"사람들은 때로 겉으로 이야기하는 것과 속으로 생각하는 진짜 마음이 다른 경우들이 있죠. 이때 어떤 것이 진짜 내 마음인지, 나도 알아채지 못하는 숨겨진 나의 생각이 있지는 않은지 살펴볼 필요가 있어요."
1) 다음의 질문을 활용하여 숨겨진 욕구를 찾는 연습을 해 본다.
- 이 상황에서 이 아이는 어떤 기분일까요?
- 이 상황에서 이 아이는 왜 그런 기분이 들었을까요?
- 이 아이가 느꼈던 느낌 속에 있는 자신의 진짜 욕구는 무엇이었나요?
- 주인공이 진짜로 바란 것은 무엇이었나요?

2) 다음 문장을 참여자들에게 제시한 후, 상황을 요약할 수 있는 적절한 문구를 채워 넣도록 한다.

"이 상황은 다음의 한 문장으로 정리할 수 있어요. 자, ____ 속엔 무엇이 들어갈까요? 그래요. 앞에는 자신의 욕구가 들어가고 뒷부분엔 욕구와 관련된 느낌에 대한 설명이 들어가게 되겠죠."

'나는 ____ 을 원하기 때문에 ____ 한 상황에서 화가 난다.'

(예: '나도 존중받기를 원하기 때문에 좌절감을 느낀다.')

3) 참여자들이 적은 반응들을 공유하며 숨겨진 감정이나 욕구를 찾는 방법을 확실히 이해했는지 확인한다.
4) 이런 상황에서 나의 욕구를 충족시키기 위해서는 어떻게 대처해야 할지 생각해 보도록 하고, 화를 내는 것이 자신의 욕구를 충족시키는 데 도움이 되지 않는다는 것을 주지시킨다.
5) 그 외에도 어떤 다른 감정들이 있는지 알아보기 위하여 〈활동지 6-2: 화 뒤에 숨어 있는 나의 속마음〉을 나누어 주고 〈활동지 6-3: 욕구 카드〉를 참고하여 찾아보도록 한다.

분노 뒤에 꼭꼭 숨어 있는 속마음과 욕구

"내가 잘못했지만 인정하고 싶지 않아. 네 탓이야!"
죄책감 ⇒ '일을 잘 해내고 싶어.'

"나를 함부로 대하거나 나를 비판하는 것은 참을 수 없어! 재수없어!"
수치심 ⇒ '중요한 사람으로 존중받고 싶어.'

"나의 뜻대로 되지 않으니 짜증이 나!"
좌절감 ⇒ '나의 뜻대로 하고 싶어.'

"주변 사람에게 좋은 일이 있으니까 질투 나. 꼴 보기 싫다!"
질투심 ⇒ '나도 잘해서 인정받고 싶어.'

"남을 지배하고 통제해야만 속이 시원해!"
불안정감 ⇒ '다른 사람들보다 우월하고 싶어.'

"여러분, 화가 나는 진짜 이유를 찾아보니 어떤가요? 화를 내도 내 기분이 풀리지 않고 계속 문제가 남아 있었던 이유가 뭘까요? 나의 욕구를 해소할 수 있는 방법이 아니었기 때문이겠죠. 일을 잘 해내고 싶은 아이가 '화를 낸다'고 해서 일을 잘할 수 있게 되는 것은 아니에요. 순간적인 해결책이 아니라 정말 내가 원하는 것을 찾아서 그 문제를 해결하는 것이 정말 나의 욕구를 충족시켜 줄 수 있는 현명한 방법입니다. 따라서 내가 원하는 것이 무엇인지 아는 것은 중요해요. 내가 진정 원하는 결과를 얻기 위해서는 분노를 유발하는 내 진짜 감정이 무엇인지를 아는 것이 중요하죠."

4. 〈활동지 6-4: 셜록 홈즈〉를 숙제로 내 주면서 회기를 정리한다. 화가 나는 상황에 대해서 어떤 욕구, 감정, 생각이 있는지를 알아보는 것이 중요함을 강조한다. 그렇지 않으면 화를 내는 것만으로는 자신의 진정한 욕구를 충족시킬 수 없다는 사실을 알린다.

활동지 6-1 숨겨진 욕구 사례

상황을 요약할 수 있는 적절한 문장을 만들어 보세요. 그리고 바람직한 대처법을 생각해 보세요.

A의 상황

1. 같은 방을 사용하는 친구는 키도 크고 힘도 세다. 그 친구는 장난으로 내 별명을 부르며 내 볼을 당긴다. 그 친구는 장난이지만 난 짜증이 난다.
2. 자려고 누웠는데, 옆에 친구가 계속 나에게 말을 건다. 내가 "하지 마."라고 했지만 그 친구는 웃으면서 계속 말을 건다. 슬슬 화가 난다.

A의 욕구: 나는 ~을 원하기 때문에 ~한 상황에서 ~을 느낀다.

1. 나도 힘이 세고 강하고 싶기 때문에 힘을 과시하는 친구를 보면 질투심, 열등감을 느낀다.
2. 내가 하는 말을 다른 사람이 들어 주기를 원하기 때문에 내 말을 무시하는 상황에서는 좌절감을 느낀다.

바람직한 대처법

1. • 키가 크고 힘이 센 것 외에 나만의 장점이 있어. 난 그 친구보다 배려심이 많고 그림에 소질이 있어.
   • 그냥 이유도 말하지 않고 "하지 마."라고만 해서 그럴 수도 있을까? 다시 한 번 말해 보자.
2. • 다른 사람과 비교할 필요는 없어.
   • 내가 "하지 마."라고 해도 계속 장난치는 게 꼭 날 무시해서라고는 할 수 없어. 그냥 심심한 거 같은데, 그냥 나도 아무 말 없이 기다리면 스스로 그만둘 거야.

활동지 6-2 화 뒤에 숨어 있는 나의 속마음

화 뒤에 꼭꼭 숨어 있는 속마음과 욕구를 〈활동지 6-3: 욕구 카드〉에서 찾아보세요.

"내가 잘못했지만 인정하고 싶지 않아. 네 탓이야!"

죄책감	욕구: '일을 잘 해내고 싶어.'

"나를 함부로 대하거나 나를 비판하는 것은 참을 수 없어! 재수 없어."

수치심	욕구: '중요한 사람으로 존중받고 싶어.'

"나의 뜻대로 되지 않으니 짜증이 나!"

좌절감	욕구: '나의 뜻대로 하고 싶어.'

"주변 사람에게 좋은 일이 있으니까 질투가 나! 꼴 보기 싫어."

질투심	욕구: '나도 잘해서 인정받고 싶어.'

"남을 지배하고 통제해야만 속이 시원해!"

불안정감	욕구: '다른 사람들보다 우월하고 싶어.'

활동지 6-3 욕구 카드

✿ 화 뒤에 꼭꼭 숨어 있는 속마음과 욕구를 〈활동지 6-2: 화 뒤에 숨어 있는 나의 속마음〉에 적어 보세요.

1. 숨겨진 욕구

일을 잘 해내고 싶어.

중요한 사람으로 존중받고 싶어.

나의 뜻대로 하고 싶어.

나도 잘해서 인정받고 싶어.

다른 사람들보다 우월하고 싶어.

2. 숨겨진 감정

죄책감

수치심

좌절감

질투심

불안정감

활동지 6-4 셜록 홈즈

✎ 화가 나는 상황에 대해서 어떤 욕구, 감정, 생각이 있는지를 적어 보세요.

상황: 잠을 자려고 했는데, 옆에서 친구가 떠듦. 그래서 조용히 하라고 했지만, 친구가 듣는 척도 하지 않음.

감정: 기분이 상하고 화가 남, 짜증

생각: '나를 투명인간 취급하나? 나를 무시하는 것이 분명해.'

숨겨진 욕구: '나도 존중받고 싶어.'

숨겨진 감정: 좌절감

정리

- 숙제로 〈활동지 6-4: 셜록 홈즈〉를 작성해 오도록 한다.
- 활동에 대한 소감과 이번 회기를 통해 새롭게 알게 된 점 등을 함께 나눈다.

주의사항

지도자가 참여자들의 분노 상황을 충분히 이해하고 공감해 주며, 참여자들과 함께 대처방식에 대해 탐색하고 조언할 수 있어야 한다.

7회기 생각을 조심해!

주제

분노 조절(4): 생각을 수정해 감정 다스리기

목표

- 분노를 일으키는 생각, 감정, 행동을 구분해 보기
- 분노를 일으키는 비합리적인 사고(생각)를 이해하고 수정하기

치료놀이활동

- 발로 풍선 차기
- 2인 3각 과자 따 먹기

준비물

- 활동지: 7-1 화를 나게 하는 과정들, 7-2 생각, 감정, 행동 목록지, 7-3 분노 상황 생각 기록지
- 치료놀이활동 준비물

7회기 치료놀이활동

[활동] 발로 풍선 차기

*활동 의도 및 효과
- 타인을 배려할 수 있다.
- 신체적 조절을 증진한다.
- 만족 지연 능력을 향상시킨다.

※ 준비물: 팀 수만큼 분 풍선, 안 분 풍선 2개(예비)

1. 참여자들은 둥글게 선다.

   "이번 활동은 '발로 풍선 차기'인데, ○명(3~5명)씩 한 팀이 되어 할 거예요.

   가까이에 있는 친구들과 ○명씩 팀을 이루어 보세요."

2. 각 팀은 적당한 거리를 두고 둥글게 선다.

   "지금부터 발로 풍선을 차서 전달할 거예요. 이렇게요."

   (리더는 한 팀에서 시범을 보여 준다.)

   "풍선이 자신 쪽으로 오면 발로 차서 우리 팀의 다른 친구에게 보내 주세요.

   팀의 친구들이 빠짐없이 참여할 수 있도록 배려해 주세요."

3. 각 팀에 적당히 분 풍선을 1개씩 나누어 준다.

   "자, 신호를 주면 시작하세요. 시~작!"

4. 발로 차서 전달하는 활동이 익숙해지면 숫자를 세며 풍선을 친다.

   "지금부터 각 팀에게 ○번(2~4번 정도)의 도전 기회를 줄 거예요. 우리의 목표는 풍선을 차는 횟수가 점점 늘어나는 거예요.

   시작도 각 팀별로 해 보세요."

5. 리더는 이 팀 저 팀으로 다니며 풍선을 잘 찰 수 있도록 격려해 준다.

   예: "풍선 차는 힘이 적당하네요."

[활동] 2인 3각 과자 따 먹기

*활동 의도 및 효과
- 신체 조절 능력을 증진한다.
- 협동의 즐거움을 경험한다.

※ 준비물: 손수건 2개(참여 인원 10명 기준), 고무줄, 끈과 집게, 과자와 음료

1. 참여자들은 둥글게 선다.

"이번 활동은 '2인 3각 과자 따 먹기'예요. 2명씩 짝을 지어 보세요.
2명씩 팀을 이루어 한 사람의 오른쪽 발목과 다른 한 사람의 왼쪽 발목을 함께 묶어요.
이제 손을 잡고 같이 걸어가 고무줄을 함께 뛰어넘어 가서 줄에 매달린 과자봉지를 입으로 1개씩 따 오는 거예요."

2. 리더가 구성원 중 한 친구와 짝이 되어 시범을 보인다.

"자, 이렇게 발목을 손수건으로 묶은 후, 손을 잡고 걸어가 고무줄을 뛰어넘어 과자봉지를 입으로 따 옵니다.
따 온 과자는 활동이 끝난 후 음료수와 함께 먹을 거예요."
(이때 보조하는 사람들은 양쪽에서 고무줄을 낮은 높이로 잡아 주어 뛰어넘어 갈 수 있게 하고, 과자를 매단 줄도 적당한 높이로 잡아 준다. 보조자가 없는 경우에는 의자 등의 도구를 이용해 고무줄과 과자줄을 고정시켜 둔다.)

3. 활동 차례를 정한다.

4. 활동을 하면서 잡은 손은 떨어지지 않게 하고 서로 속도를 맞추도록 한다.

"두 사람은 손을 잡고 보폭과 속도를 맞춰서 안전하게 가도록 해요.
준비됐지요? 출발!"
(이때, 리더는 적당한 언어적 반응을 보인다.)

5. 참여자들 모두가 활동이 끝나면 음료수와 함께 과자를 먹도록 한다.

"서로 배려하며 잘해 주었어요. 이제 맛있게 과자를 먹어요."

주제 1 생각, 감정, 행동 구분해 보기

〈활동지 6-4: 셜록 홈즈〉를 확인하면서 숙제를 검토한다.

1. 화가 나는 상황에서 생각, 감정, 행동을 구분할 수 있도록 〈활동지 7-1: 화를 나게 하는 과정들〉을 이용한다. 이 활동지에서 각 문장에 해당되는 것이 무엇인지를 찾아보도록 한다. 이를 통해 생각, 감정, 행동이 구분되는 것을 알게 한다.
   "이 활동지를 보면 여러 가지 단계를 걸쳐서 화가 났어요. 그래서 결국 다른 아이를 때리게 되었군요. 각 단계가 생각, 감정, 행동 중 어느 것에 속하는지 한 번 생각해 볼까요?"
   (예: 〈활동지 7-1〉 과정 중 '생각'에 해당하는 문장: '나를 무시한다는 마음이 듦' "'이 친구는 원래 이런 애야.'라는 마음이 듦.")

2. 〈활동지 7-2: 생각, 감정, 행동 목록지〉를 사용하여 참여자들이 생각, 감정, 행동을 맞힐 수 있도록 퀴즈를 낸다.
   "이번에는 제가 읽는 문장이 생각, 감정, 행동 중 어떤 것인지 맞혀 볼까요?"
   〈Tip〉 〈활동지 7-1〉에서 참여자들이 생각, 감정, 행동을 잘 구분할 수 있고 시간이 제한적이라면, 〈활동지 7-2〉는 생략하고 넘어갈 수 있다.

3. 이 중 이번 시간에는 '생각'에 대해서 다룰 것임을 알린다.
   "이전 시간까지 우리는 '감정'에 대해서 많이 이야기를 나눴었는데, 이번 시간에는 '생각'에 초점을 맞춰 보죠. 우리가 누군가에게 화가 날 때는 감정뿐만 아니라 '내 생각'도 많은 영향을 미쳐요. 그래서 지금부터는 과연 그 생각 외에 다른 생각을 할 수 없는 건지, 혹은 나를 화나게 만드는 그 생각이 틀릴 수도 있는 건 아닌지를 알아보려고 해요."

활동지 7-1 화를 나게 하는 과정들

다음 각 단계가 생각, 감정, 행동 중에 어떤 것인지 확인해 보세요.

- 옆에 친구가 나를 보자마자 머리 스타일이 재미있다며 웃음 (행동)
- 기분이 상함 (감정)
- 나도 지지 않고 친구 머리가 더 이상하다고 말함 (행동)
- 그래도 기분이 풀리지 않음 (감정)
- 친구는 나를 신경 안 쓰고 딴 친구와 이야기를 함 (행동)
- 친구에게 말을 걸었는데 반응이 없음 (행동)
- 나를 무시한다는 마음이 듦 (생각)
- 기분이 더 좋지 않음 (감정)
- 먼저 집에 가겠다고 함 (행동)
- 친구가 갑자기 왜 그러냐고 화를 냄 (행동)
- 그냥 할 일이 있다고 핑계를 댐 (행동)
- 친구가 기분 나쁜 듯이 "그럼 가 버려."라고 함 (행동)
- '이 친구는 원래 이런 애야.'라는 마음이 듦 (생각)
- 나도 화를 내고 욕을 함 (행동)
- 서로 싸우게 됨 (행동)

활동지 7-2 생각, 감정, 행동 목록지

1. 감정

바람이 상쾌해서 기분이 좋다.	밖에 나갈 수 없어 속상하다.
친구와 싸워서 짜증 난다.	다른 사람들 앞에 서면 쑥스럽다.
내 말을 잘 들어 줘서 기뻤다.	새로 산 핸드폰을 잃어버려 매우 화가 났다.

2. 생각

선생님은 항상 나만 혼낸다.	형이 나를 무시하는 것 같은 생각이 든다.
다른 사람들은 어차피 내게 상처를 줄 것이다.	친구들과 나가도 어차피 지루할 것이다.
저 사람이 웃는 건 나를 비웃고 있는 것이다.	카톡을 읽었는데 답이 오지 않으면, 나를 싫어하는 게 틀림없다.

3. 행동

실수한 친구에게 '왜 그렇게밖에 못하냐'고 비난했다.	별것 아닌 일로 친구와 싸웠다.
친구들이 불러도 나가지 않고 집에 있었다.	어깨를 치고 지나가는 사람을 쫓아가서 팔을 붙잡고 소리 질렀다.
새 신발을 신고 온 친구의 발을 아닌 척하면서 밟았다.	내 헤어스타일을 놀린 친구의 뒤통수를 노려보았다.

주제 2 나의 생각 확인하기

1. 화가 날 때, 자동으로 드는 생각을 알아보도록 한다.
"화가 날 때, 여러분들이 나도 모르게 자연스럽게 떠오르는 생각은 뭐가 있을까요? 때로는 분노를 증가시키는 생각일 수도 있을 것이고, 감소시키는 생각일 수도 있을 거예요. 예를 들어 보죠. 같은 방을 쓰는 친구가 오늘은 왠지 나한테 자꾸 거슬리는 말과 행동을 하네요. 같이 체육 시간에 놀자고 해도 싫다고 하고, 괜히 내가 하는 말에 핀잔만 주고요. 이럴 때 어떤 생각이 들 수 있을까요?"

나올 수 있는 대답의 예는 다음과 같다. 만약 참여자들의 참여가 소극적이거나, 적절한 응답이 나오지 않을 경우, 다음을 예시로 제시하여 이러한 경우가 있었는지 해당하는 경우 손을 들어 보도록 한다.

[예]
- 흑백논리: '내가 같이 놀자고 해도 싫다고 하니, 날 싫어하는 게 틀림없어.'
- 과잉일반화: '항상 쟤는 저랬어.'
- 걸러내기: 친구가 잘해 준 것은 주목하지 않고 못해 준 것에만 주목하기
- 긍정적인 부분 고려하지 않기: '네가 잘해 준 부분(이전에 나에게 친절하게 대해 준 것)은 중요하지 않아.'
- 성급한 결론: '이걸 보니 어쨌든 결국 넌 나랑 안 맞아.'
- 확대해석/축소해석: 과장하기 혹은 덜 중요해 보이도록 특정 사실 축소하기
- 정서적 추론: '내가 기분 나쁘다고 느끼는 걸 보니, 네가 뭘 잘못한 거야.'
- ~해야 한다: '넌 나한테 항상 친절하게 대해야 해.'
- 낙인찍기: '저 녀석은 성격이 이상한 애야(××야).'
- 개인화: '넌 항상 나한테만 그래. 도대체 왜 나만 못살게 굴어?'

2. 또 다른 다음을 예시로 들어 자동적 사고를 다시 찾아본다. 그리고 이러한 생각들을 지지하는 혹은 반대되는 증거도 찾아보도록 한다.
"자, 여러분. 화를 나게 하는 행동 뒤에는 다양한 생각이 있었네요. 이런 생각들을 '자동적 사고'라고 말해요. 또 다른 예로 다시 한 번 생각해 볼까요? 점심시간에 친구가 지나가다 저한테 국물을 쏟아 옷이 더러워졌어요. 저는 화가 나서 친구의 어깨를 쳤어요. 여러분은 어떤 자동적 사고(생각)가 생겼을 것 같나요? (1에서 진행한 것처럼 자동적 사고를 찾아본다.)"
"'날 싫어하는 게 틀림없어. 일부러 쏟은 거야.' '쟤는 항상 나를 괴롭히는 행동을 했어. 지난번에는 지나가다 내 어깨를 치고 지나갔지.' 아마 이런 생각이 들어서 더 화가 나다 보니, 저절로 주먹이 나가서 친구를 때렸을 수도 있겠네요."

"그런데 이번에는 좀 더 생각해 보죠. 이러한 생각들을 지지하는 증거도 있을 것이고, 반대되는 증거도 있을 거예요. 예를 들어, 저는 '저 녀석 일부러 그랬을 거야.'라는 생각을 했어요. '일부러 그랬어.'에 대한 지지 증거는 무엇이 있을까요? 오늘 사건 이전에도 나와 관계가 좋지 않았고, 나에게 무엇인가 나쁜 짓을 하려는 시도를 이전에도 했었으며, 나에게 항상 짜증 냈다는 사실이 있다면 '일부러 그랬어.'라는 생각의 근거가 될 수 있겠죠. 반면, 반박 증거는 무엇이 있을까요? 만약 점심시간에 복도에 사람이 너무 많아 비좁았다면 일부러 나에게 국물을 쏟은 것이라기보다는 실수로 그랬을 수도 있겠죠? 다시 말해, '점심시간에 복도에 사람이 많아 비좁았다.'는 상황은 '일부러 그랬어.'라는 생각의 반박 증거가 될 수 있을 거예요. 또 무슨 증거가 있을까요?"

3. 앞의 예시에 대해 지지 증거와 반박 증거를 둘 다 고려해서 균형 잡힌 생각을 예로 들어 준 뒤 각자 균형 잡힌 생각을 해 보도록 한다.
"여러분. 방금 이야기해 본 지지 증거와 반박 증거를 고려해서 균형 잡힌 생각을 한번 해 볼까요? 선생님은 두 증거를 모두 고려하여 '평소에 나랑 사이가 좋지 않았지만 복도에 사람이 너무 많아 나를 미처 피하지 못하고 쏟을 수도 있었을 거다.'라고 생각해 보았어요. 이렇게 생각하니 화가 좀 가라앉지 않나요? 여러분도 각자의 상황을 떠올려 보고 균형 잡힌 생각을 해 볼까요?"
(만약 자동적 사고, 지지 증거, 반박 증거를 찾는 것을 아직도 어려워한다면 다음 예시도 가능하다.)
"자, 여러분. 자동적 사고를 생각하기 어렵죠? 또 다른 예시를 한번 들어 볼게요. 체육 시간에 친구들과 앉아 있는데, 어디에선가 공이 날아왔어요. 그 공에 내가 맞고 기분이 안 좋아진 상황을 생각해 봐요." (2에서 진행한 것처럼 자동적 사고를 찾아본다.)
"이번에도 좀 더 생각해 보죠. 예를 들어, 저는 '누군가 일부러 날 맞혔어.'라는 생각을 했어요. '일부러 맞혔어.'라는 생각을 뒷받침해 주는 지지 증거는 멀리 있는 친구들이 내가 공에 맞은 것을 보고 낄낄거리며 웃고 있다는 것을 들 수 있겠네요. '누군가 일부러 맞혔어.'라는 생각이 맞지 않을 수 있다는 근거를 찾는다면 '저렇게 먼 곳에서 나를 일부러 맞힌다는 것은 어려워.' 혹은 '공을 가지러 온 친구가 미안해하고 있어.'라는 상황이 있을 수 있을 것 같아요. 실수로 나에게 공을 맞혀서 미안해하는 표정이라면 말이죠. 또 무슨 증거가 있을까요?"

앞의 예시에 대해 지지 증거와 반박 증거를 둘 다 고려해서 균형 잡힌 생각을 예로 들어 준 뒤 각자 균형 잡힌 생각을 해 보도록 한다.

"여러분. 방금 이야기해 본 지지 증거와 반박 증거를 고려해서 균형 잡힌 생각을 한번 해 볼까요?"

4. 〈활동지 7-3: 분노 상황 생각 기록지〉를 활용하여 자신이 화가 난 상황과 대처 행동, 자동적 사고, 지지 증거, 반박 증거, 균형 잡힌 사고를 적어 보도록 한다.
"다 적어 보았나요? 어떤가요? 생각을 어떻게 하느냐에 따라서 감정이 달라지나요? 사람은 누구나 어떤 사건에 대해 여러 가지 생각을 할 수 있어요. 이런 생각들이 정말 합리적인 것인지, 아니면 나를 분노에 빠트리게 하는 부정적인 자동적 사고인지를 잘 구별해 낸다면, 분노 감정을 조절하는 데에도 도움이 될 거예요. 이 방법이 자신에게 잘 맞다면, 균형 잡힌 사고를 연습해 보면 좋을 거예요."

활동지 7-3 분노 상황 생각 기록지

화가 난 상황에서 나의 대처 활동, 자동적 사고, 지지 증거, 반박 증거, 균형 잡힌 중간 생각을 적어 보세요.

분노 상황	나의 행동은?	자동으로 드는 생각은?	지지 증거	반박 증거	균형 잡힌 중간 생각
예: 점심시간에 친구가 지나가다 국물을 쏟아서 옷이 더러워짐	싸웠다/욕했다/물건을 부쉈다/대화로 해결했다/친구에게 말했다/무시했다/기타	일부러 그랬다/또 당했다/나쁜 놈/시비 건다	평소에 나랑 사이가 좋지 않다.	복도에 사람이 많아서 비좁았다.	평소에 나랑 사이가 좋지 않지만, 복도에 사람이 너무 많아 쏟을 수도 있다.
예: 지나가다 어떤 사람이랑 어깨가 부딪힘	싸웠다/욕했다/뒤통수를 쳤다/얼굴을 때렸다/그냥 지나갔다/기타	내가 만만하게 보였다/시비 건다/내가 우습게 보였다	나는 키가 작고 덩치가 작다.	길거리에 사람이 많아서 비좁았다.	왜소하지만, 길거리에 사람이 많아서 부딪힐 수 있다.

정리

- 활동에 대한 소감과 이번 회기를 통해 새롭게 알게 된 점 등을 함께 나눈다.
- 숙제로 〈활동지 7-3: 분노 상황 생각 기록지〉를 작성해 오도록 한다.
- 다음 시간에 대해 공지한다.

주의사항

- 자동적 사고를 파악하는 것이 어려울 수 있으므로 구체적인 예를 들어 주도록 한다.
- 지지 증거, 반박 증거 등에 대해 참여자들이 서로 상의해 가며 많은 생각을 공유해 보도록 한다.

8회기 너와 나의 마음

주제

분노 감정 인식하기 / 조망 수용 / 전환 및 공감 능력 향상

- 분노에 대해 이해하기
- 상대방을 다른 관점에서 이해해 보기

목표

- 인지-행동적인 틀에서 분노의 개념을 이해해 본다.
- 피해자가 겪을 수 있는 상황을 간접 체험을 통해 공감한다.
- 상대방의 입장을 다각적으로 이해해 본다.
- 융통성 있는 시각으로 상대방의 입장을 이해하는 법을 배워 본다.

치료놀이활동

- 손가락 잡고 빼기
- 보자기로 풍선 튕기고 받기
- 빨대로 과자 전달하기

준비물

- 활동지: 8-1 그 사람의 감정은?, 8-2 분노한 영수의 사례, 8-3 상대방의 입장 살피기
- 사탕, 의자, 치료놀이활동 준비물

8회기 치료놀이활동

[활동] 손가락 잡고 빼기

*활동 의도 및 효과
- 단순한 놀이를 통해 즐거움을 경험한다.
- 신호에 집중한다.

※ 준비물: 없음

1. 참여자들은 원으로 둥글게 앉는다.

   "이번 활동은 '손가락 잡고 빼기'예요.

   다 같이 원으로 둥글게 앉아 보아요."

2. 리더가 손 모양을 보여 주며 말한다.

   "자, 이제 나처럼 손 모양을 만들어 보아요.

   모두 같이 왼손은 엄지와 검지를 도넛 모양으로 둥글게 붙여 보세요. 오른손은 검지만 세우고 주먹을 쥡니다.

   내 오른쪽에 있는 사람의 왼손에 오른손 검지를 넣습니다."

3. 리더는 옆 사람의 손가락을 살짝 잡도록 이야기해 주고, 다른 사람의 검지를 잡고 내 검지는 빼는 신호를 설명한다.

   "자, 이제 노래를 부르다 특정한 단어가 나오면 왼손으로는 다른 사람의 검지를 꽉 잡고, 나의 오른쪽 검지는 잡히지 않게 빼는 거예요."

4. 리더의 노래(〈퐁당퐁당〉)를 듣다가 '라'가 나오면 잡도록 한다.

   리더는 〈퐁당퐁당〉 노래를 '라' 자가 나오도록 적절히 가사를 바꾸어 사용한다.

   참여집단의 수준에 맞는, 함께 부를 수 있는 노래 혹은 신호를 선택할 수 있다.

[활동] 보자기로 풍선 튕기고 받기

*활동 의도 및 효과
- 협동의 즐거움을 경험하게 한다.
- 타인을 배려할 수 있다.

※ 준비물: 팀별로 보자기 1장, 풍선 1개

1. 참여자들은 원으로 둥글게 선다.

“이번 활동은 ‘보자기로 풍선 튕기고 받기’예요.

가까이에 있는 친구들과 ○명(2명 또는 4명)씩 한 팀을 이루어 보세요.”

2. 각 팀에게 보자기와 풍선을 나누어 준다.

“나누어 준 보자기의 각 귀퉁이를 ○명이 한 손으로 잡고 서 보세요.

자, 이제 평평하게 된 보자기 위에 풍선을 올려놓을게요.”

3. 리더의 신호에 맞춰 튕기고 받기를 반복한다.

“내가 숫자를 세는 속도에 맞춰 풍선을 튕기고 받는 거예요.

자, 이렇게요.” (리더는 한 팀에서 직접 보여 준다.)

“우리 시작해 봐요. 일, 이, 삼……”

4. 이번에는 각 팀마다 숫자를 센다.

“이번에는 각자의 팀에서 숫자를 세며 풍선을 튕겨 보세요.”

[활동] 빨대로 과자 전달하기

*활동 의도 및 효과
- 협동심을 증진한다.
- 도전 활동을 통해 즐거움을 경험한다.

※ 준비물: 가운데에 구멍이 있는 과자, 가는 빨대(인원수만큼)

(활동할 때 쓰이는 과자는 한 팀에 10개를 주고, 상황에 맞게 조절해서 더 준다.)

1. 참여자들은 원으로 둥글게 앉는다.

"이번 활동은 '빨대로 과자 전달하기'예요.

가까이 있는 친구들과 5명씩 한 팀을 만드세요.

각 팀별로 둥글게 앉으세요."

2. 리더는 시범을 보여 주면서 활동을 설명해 준다.

"손을 사용하지 않고 입으로 빨대를 물고 과자를 끼워 오른쪽 옆 사람에게 전달할 거예요.

자, 이렇게 빨대에 낀 과자를 옆 사람 빨대에 전달해 주는 거예요."

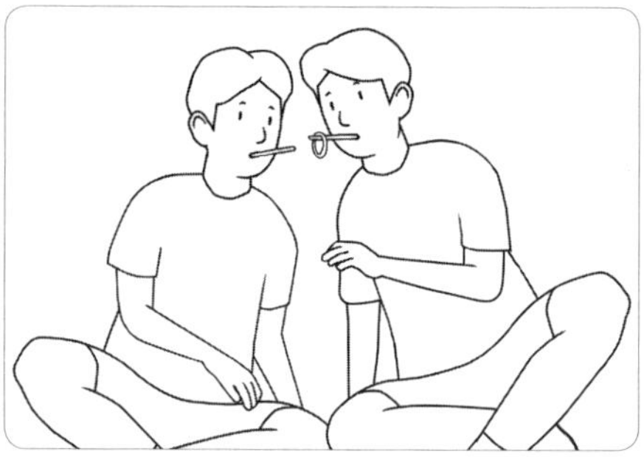

3. 리더는 각 팀에게 과자가 담긴 그릇과 빨대 5개가 담긴 그릇을 나누어 준다.

"한 사람이 빨대 1개씩을 입에 물어 주세요. 시작하는 친구는 자신의 빨대에 과자를 1개 끼웁니다.

자, 이제 빨대에 끼운 과자를 오른쪽 사람에게 전달해 주세요.

마지막 친구는 앞에 놓인 빈 그릇에 받은 과자를 내려놓으세요.

과자가 다 돌아올 때까지 합니다."

4. 활동이 끝나면 함께 과자를 먹는다. 이때는 음료와 함께 먹을 수 있는 양을 적절히 더 준다.

주제 1 분노 감정 인식 및 분류해 보기

〈활동지 7-3: 분노 상황 생각 기록지〉를 확인하면서 숙제를 검토한다.

"우리는 여러 가지 상황에서 분노 감정을 느끼게 돼요. 그리고 이러한 분노는 폭력적인 행동으로 이어지기 쉽죠. 하지만 폭력적인 수단을 통해 감정을 표출하게 되면, 점차 대화로써 자신의 감정을 표현할 수 있는 상황에서도 쉽게 폭력적인 행동을 보일 수 있어요. 또한 대부분의 사람은 자신의 행동을 정당화하기 위해 '걔가 그럴 만한 행동을 했기 때문이야.' '걔는 폭력을 가하는 것밖에 다른 방법이 없는 구제불능이잖아.'와 같이 말하면서 동시에 상대방에 대해 더 나쁜 감정을 갖게 되기도 하죠. 따라서 폭력은 폭력을 부를 뿐, 문제해결의 수단이나 공격성을 해소시켜 주는 수단이 되기는 어렵다는 것을 이해하는 것이 중요해요."

1. 〈활동지 8-1: 그 사람의 감정은?〉에 나온 얼굴표정을 보여 주면서 그에 해당하는 감정을 객관식 보기 중에서 고르게 해 본다.
   "자, 지금부터 여러 가지 얼굴표정을 보여 줄 거예요. 이 표정이 어떤 감정을 의미하는지 이야기해 볼까요?"

만약 참여자들이 어려워한다면, 진행자가 다음의 감정 단어들을 불러 주고 그에 맞는 감정 단어를 쓰도록 한다. 한 개 이상의 감정이 있을 수도 있다는 것을 알린다.

〈감정 단어〉 분노, 두려움, 놀람, 행복, 슬픔, 경멸, 혐오, 수치심, 당황, 짜증

2. 그리고 그림의 사람들이 어떤 생각을 하고 있을지 생각해 보도록 한다.
   "자, 이번에는 이 표정을 하고 있는 사람들이 어떤 생각을 하고 있는지를 맞혀 볼 거예요. 여기에는 정답이 없어요. 이 사람이 어떤 생각을 해서 이런 감정을 느끼게 된 것 같은지 각자 생각해서 적어 보도록 해요."

3. 만약 내가 그 사람의 입장이라면 어떤 행동을 했을지에 대해서도 써 보도록 한다.

4. 〈활동지 8-2: 분노한 영수의 사례〉를 읽게 하고 난 후 영수의 분노에 대해 이해해 보도록 한다.
   "자, 지금 이 사례는 어떻게 '분노'가 한 사람을 곤란에 빠트릴 수 있는지에 대한 이야기예요. 영수는 기본적으로는 괜찮은 친구인데, 어떤 경우에는 '성난 사자'가 되는 것 같네요. 우리가 기억해야 할 것은 영수를 '성난 사자'로 만드는 어떤 상황이나 이유가 있다는 거죠. 지금부터 영수의 분노가 왜 생겼는지 같이 생각해 볼까요? 그리고 영수가 분노 감정으로 인해 어떤 행동을 하게 되었고, 그 행동이 어떤 결과를 가져왔는지도 함께 살펴보도록 해요."
   1) 빈도: 영수는 어떻게 화를 내게 되었을까요?
   2) 강도 및 지속시간: 영수의 분노는 얼마나 많이, 오랫동안 지속되었나요?
   3) 충동성: 영수가 충동적으로 행동한 것은 언제인가요?
   4) 결과: 영수의 분노의 결과로 어떤 일이 있었나요?

활동지 8-1 그 사람의 감정은?

❖ 얼굴표정에 맞는 감정 단어를 써 보세요.

얼굴 1

분노

얼굴 2

우울

얼굴 3

불안

얼굴 4

짜증

얼굴 5

만족

얼굴 6

기쁨

〈감정 단어 예시〉

분노, 두려움, 놀람, 행복, 슬픔, 경멸, 혐오, 수치심, 당황, 짜증, 불안, 시기, 기쁨 등

❖ 이 감정을 불러일으키는 생각은 무엇일까요?

	생각	→	감정
얼굴 1	친구가 시비 건다는 생각		분노
얼굴 2	나는 역시 못한다는 생각		우울
얼굴 3	'또 실패하면 어쩌지?'라는 생각		불안
얼굴 4	친구가 나를 따돌린다는 생각		짜증
얼굴 5	결국 해냈다는 생각		만족
얼굴 6	내가 누군가에게 도움이 됐다는 생각		기쁨

❖ 만약 어떤 사람이 이러한 방식으로 생각하고 느낀다면, 그 사람은 어떤 행동을 하게 될까요?

	행동
얼굴 1	시비 건다는 생각에 화가 나서 친구 얼굴을 주먹으로 때려 버림
얼굴 2	나는 역시 못한다는 생각에 우울해서 아무것도 안 하고 게임만 함
얼굴 3	'또 실패하면 어쩌지?'라는 생각에 불안해져서 손톱을 물어뜯음
얼굴 4	친구가 나를 따돌린다는 생각에 짜증 나서 지나가는 친구의 발을 걺
얼굴 5	결국 해냈다는 생각에 만족스러워서 웃음이 나옴
얼굴 6	내가 누군가에게 도움이 됐다는 생각에 기뻐서 노래를 부름

활동지 8-2 분노한 영수의 사례

영수는 농구를 좋아하고 잘하는 고등학생이다. 팀에서 센터를 맡고 있는 에이스이기도 하다. 오늘은 평소 경쟁 상대인 옆 고등학교와 친선대회가 있는 날이다. 영수는 선발 선수로 경기에 뛰게 되었는데, 경기 중 심판이 파울을 제대로 판단해 주지 않아 자꾸 상대편 팀에게 자유투가 주어지고 점수 차가 벌어진다는 생각이 들자 '성난 사자'가 되었다. 심판이 '옳은 판정'을 하지 않는다고 생각하니 영수는 얼굴에 열이 오르는 걸 느끼고, 숨이 가빠지며, 이를 악물고 주먹을 꽉 쥐게 되었다. 그리고 '저 심판은 상대팀 편을 들고 있는 게 틀림없어.' '이건 공정한 시합이 아니야!' '왜 정당한 방어를 자꾸 블로킹 파울이라고 하는 거지? 나를 싫어하나?'라고 생각하기 시작했다. 그리고 상대팀 선수 옆을 지나갈 때 일부러 팔로 세게 치거나, 수비를 해야 할 때 오히려 '성난 사자'처럼 덤벼들었다. 그러나 그럴 때 그의 행동은 매번 심판한테 걸려서 경고를 받게 되거나, 상대팀에게 자유투가 주어졌다. 영수는 더욱 흥분해서 심판에게 소리를 지르거나 다른 선수의 발을 일부러 다시 걸었고, 결국 다섯 번의 반칙으로 퇴장당하게 되었다. 그날 그의 팀은 경기에서 지게 되었다. 경기가 끝난 후 감독에게 불려 간 후에도 영수는 끝까지 심판이 불공정하고 잘못했다고 주장하면서 고집을 굽히지 않았다. 그리고 집으로 돌아갔을 때도 가족들에게 짜증을 내고 소리를 질렀지만, 그날 경기에서 있었던 일에 대해서는 오히려 아무 말도 하지 않았다. 결국 가족들은 영문도 모른 채 영수와 다투게 되었다. 그리고 며칠 동안 훈련에도 참석하지 않았던 영수는 일주일이 지난 후 감독의 경고전화를 받고 훈련에 나왔다. 하지만 훈련시합 중 연습하던 동료가 조금이라도 마음에 안 들면 소리를 지르거나 욕을 했다. 그들이 시합 중 영수에게 공을 패스하고 영수가 잘할 수 있도록 도움을 주려 애를 썼음에도 불구하고 말이다. 이러한 영수의 행동이 반복되자 동료들은 시합 중에도 영수에게 공을 주지 않았고, 쉬는 시간에도 같이 어울리지 않았다.

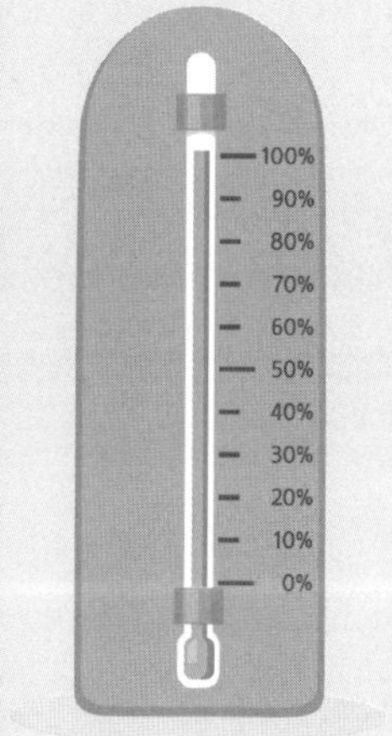

1. 빈도: 영수는 어떻게 화를 내게 되었을까요?
   심판의 판정이 공정하지 않다고 생각하여서

2. 강도: 영수의 분노는 얼마나 강한 정도인지 옆의 온도계를 사용해 표시해 보세요.

3. 지속시간: 영수의 분노는 얼마나 오랫동안 지속되었나요?
   경기 종료 후 일주일 뒤에도

4. 충동성: 영수가 충동적으로 행동한 것은 언제인가요?
   심판의 판정 직후

5. 결과: 영수의 분노의 결과로 어떤 일이 있었나요?
   폭력적으로 경기에 임하여 퇴장당하고, 팀은 경기에서 패배함

주제 2 상대방을 다른 관점에서 이해해 보기

1. 우리가 상황을 바라보는 데에는 다양한 관점이 있다는 점을 설명해 준다.
   "우리가 살아가며 다른 사람을 이해하는 넓은 마음을 갖기 위해서는 우선 내 생각만을 고집하지 않아야 하고, 상대방이 나쁘게 행동한다고 생각이 들 때에도 '새로운 시각'으로 조금 다르게 볼 수 있는 여유를 가지는 것이 필요해요. 혹시 영수의 경우는 왜 그렇게 화가 났는지 조금 다르게 생각해 볼 수 있을까요?"

   예상 답변으로는 '공정하지 않았다는 생각을 해서 더 화가 났다.' 등이 있을 수 있다. 조금 다른 생각으로는 '심판도 사람이니까 실수할 수 있어. 적어도 일부러 우리 팀에 불리하게 판정을 내리지는 않았을 거야.' 등이 있다.

2. 우리의 신체 반응, 행동 단서를 통해 감정을 인식할 수 있음을 설명해 준다.
   "우리가 화가 나거나 기쁠 때, 그 감정에 상응하는 표정과 행동이 나오기 마련이에요. 예를 들어, 화가 난다면 주먹을 꽉 쥐고 숨을 거칠게 내쉴 수도 있고, 만약 너무 슬픈 일이 있을 때는 어깨가 축 처지고 고개를 떨구는 모습이 있을 수 있겠죠? 혹시 영수의 사례에서는 감정을 나타내는 신체 반응, 행동 단서가 무엇이 있었을까요?"

   '열이 오르고, 숨이 가쁘고, 주먹을 쥐게 되었다.' 등이 있다.

3. 〈활동지 8-3: 상대방의 입장 살피기〉의 상황 1을 읽고, 상대방(경수)의 입장을 상상해서 써 보도록 한다. 상대방이 어떤 기분이 들지, 왜 그런 마음이 들지 써 보도록 한다. 그리고 경수가 되어 나에게 하고 싶은 말을 생각해 보세요.

4. 〈활동지 8-3: 상대방의 입장 살피기〉의 상황 2에서는 자신의 기분을 상하게 했던 친구들의 특징 및 구체적인 행동을 적어 보고 함께 나눈다.
   주의 함께 있는 친구들을 비난하지 않도록, '이전에 알았던 친구'로 범위를 제한해 준다.
   "이전에 알았던 친구들 중에 특히 내 기분을 상하게 했던 친구가 있나요? 그 친구들은 어떤 친구들이었는지 한번 말해 볼까요?"
   "여러분이 마음에 들지 않거나 싫어했던 친구들의 특징은 이렇군요. 그런데 우리가 싫고 마음에 들지 않는다고 생각했던 친구들에게는 우리가 생각하지 못했던 숨겨진 사정이 있을 수 있어요."
   "다른 친구들의 숨겨진 이야기를 찾을 때는 다음과 같은 질문이 도움이 될 수 있을 거예요."

   "이 친구는 왜 그랬을까?"
   "이 친구의 어려운 점은 어떤 것이 있을까?"
   "이 친구가 걱정하는 것이 있다면 어떤 것일까?"
   "내가 그 친구였다면 어땠을까?"

활동지 8-3 상대방의 입장 살피기

상황 1을 읽고, 경수의 입장이 되어 보세요.

상황 1

경수는 걸핏하면 별것도 아닌 일에 화를 내고 욕을 한다. 힘이 센 것도 아니고 잘난 것도 없으면서 성질을 부리고 센 척하는 모습이 너무 짜증 난다. 언제 한번 혼을 내 줘야겠다.

〈상대방(경수) 입장의 예〉

나는 누가 나를 건드리면 참을 수가 없고 화가 치밀어 나도 모르게 욕을 하게 된다. 이런 내 모습이 나도 참 싫지만 통제가 잘되지 않는다.

- 어떤 기분: 미안함, 자책감
- 왜 그런 마음이 드는지: 의도치 않게 성질부리고 센 척하는 것 같아서이다.

〈상대방(경수)이 되었다고 생각하고, 나에게 말하기〉

○○야, 나도 잘 지내고 싶은데, 내 감정이 생각처럼 잘 조절이 안 돼. 너에게 화를 내면 미안한 마음이 드는데, 미안하다는 말이 잘 안 나올 때가 많아.

상황 2

자신의 기분을 상하게 하는 친구의 특징 및 구체적인 상황을 써 보세요.

〈상대방 입장의 예〉

상대방의 숨겨진 속마음을 상상해서 써 보세요.

- 어떤 기분:
- 왜 그런 마음이 드는지:

〈상대방이 되었다고 생각하고, 나에게 말하기〉

정리

- 겉으로 보이는 행동으로 판단하는 것은 많은 오해와 상처를 가져올 수 있으며, 친구나 주변 사람에 대해 보이는 부분만 보는 것이 아니라 한번 그 사람의 입장을 생각하는 기회를 갖는 것이 필요하다는 것을 이야기한다. 이번 시간을 통해 어떤 점을 느꼈는지 소감을 들은 후, 내용을 정리한다.
  "우리 주변에 일어나는 문제에는 다양한 관점이 존재해요. 그러므로 갈등이 생겼을 때 혹은 화가 나는 상황에서 상대방의 관점이 무엇인지 이해하는 노력이 필요하겠죠? 항상 내 행동으로 인해서 다른 사람들이 피해를 입지는 않을지 예측해 보고, 내가 상대방이라면 이런 상황에서 어떤 기분일지 생각해 보는 마음이 필요합니다. 이런 여러 가지를 고려하는 지혜가 있다면, 우리 주변의 많은 갈등과 서로에게 상처 주는 일들은 많이 사라지게 될 거예요."
- 다음 시간 내용을 간단히 소개한 뒤 회기를 마친다.

주의사항

- 폭력을 가한 사람에 대한 비판이나 충고보다는 '내 경우는 어땠었다.' '나는 그것을 어떻게 극복했다.' 등 자신의 경험을 나누어 볼 수 있도록 한다.
- 역할극은 진행자의 역할이 매우 중요하다. 참여자들이 쑥스러워하지 않고 충분히 다른 사람의 입장이 되어 그 사람의 감정을 느낄 수 있도록 돕는다.

9회기 나는 어떤 유형일까?

주제

자기통제 및 문제해결(2)

- 나의 갈등 해결 유형 알아보기
- 나의 대처 유형 알아보기

목표

- 평화적인 문제해결 방법에 대하여 이해한다.
- 다양한 갈등 상황의 예를 활용하여 바람직한 문제해결 방법들을 적용해 본다.
- 나의 갈등 대처 유형을 알아보고, 갈등 대처 유형별 장점과 단점을 알아본다.

치료놀이활동

- 3, 6, 9 손뼉 치기
- 인형 던지고 받기(2)
- 팝콘 던져 받아 먹기

준비물

- 활동지: 9-1 나는 어떤 유형일까?, 9-2 다섯 가지 갈등 해결 유형, 9-3 대처 유형 소개(1), 9-4 대처 유형 소개(2)
- 의자(참가자 수-1개), 치료놀이활동 준비물

9회기 치료놀이활동

[활동] 3, 6, 9 손뼉 치기

*활동 의도 및 효과
- 단순한 놀이를 통해 결과와 관계없이 즐거움을 경험한다.
- 집중력을 향상시킨다.

※ 준비물: 없음

1. 참여자들은 원으로 둥글게 앉는다.

   "이번 활동은 '3, 6, 9 손뼉 치기'예요.

   돌아가면서 숫자를 세다가 3, 6, 9가 나오면 숫자를 말하는 대신 손뼉을 치세요.

   9를 센 다음에는 다시 1부터 세는 거예요."

   (참여자의 수가 홀수일 때는 10까지 센 다음 다시 1부터 센다.)

2. 리더가 기준이 되어 오른쪽으로 돌아가면서 숫자를 센다.

   "자, 우리 모두 3, 6, 9를 두 번 부른 후 나부터 시작할게요. 1!"

3. 모든 참여자가 활동이 잘 이해될 때까지 속도를 늦춰서 한다.

4. 활동이 익숙해지면 속도를 조절할 수 있다.

[활동] 인형 던지고 받기(2)

*활동 의도 및 효과
- 신체 조절을 증진한다.
- 놀이상황을 고려할 수 있다.
- 만족 지연 능력을 향상시킨다.

※ 준비물: 인형(참여자 7~9명 기준 2개, 참여자 10~15명 기준 3개)

1. 참여자들은 원으로 둥글게 선다.

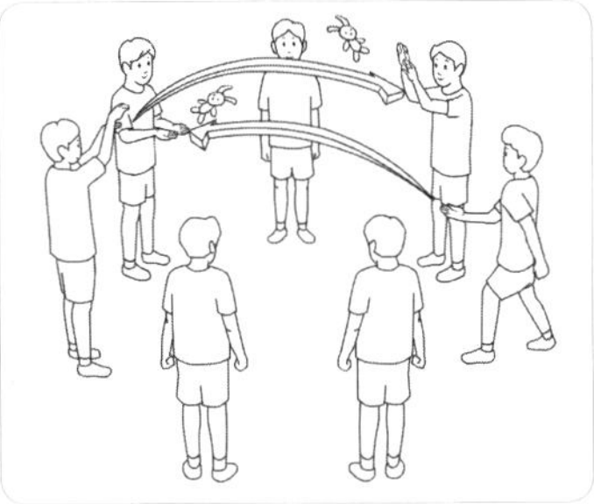

"인형 던지고 받기 놀이를 할 거예요.
두 사람이 1개씩 인형을 갖고 던져 주는데, 같은 사람에게 던지거나 던진 인형이 공중에서 부딪혀서 떨어지지 않도록 해 주세요.
인형을 던져 주면 받아서 다시 다른 사람에게 던져 주는 거예요.
인형을 던져 줄 때 받을 사람의 이름을 부르며 던져 주세요."

2. 2개의 인형을 리더와 참여자 중 1명이 갖는다.

"○○, 내가 시작하면 인형을 받을 친구의 이름을 부르며 던져 주세요. 나도 던질게요.
받은 사람들은 또 다른 친구에게 이름을 부르며 던져 주세요."

3. 참여자들이 모두 인형을 받은 후 리더는 활동을 끝낸다.

[활동] 팝콘 던져 받아 먹기

*활동 의도 및 효과

- 신체 조절을 통해 유능감을 체험한다.
- 익살스러운 놀이를 통해 즐거움을 느끼고 긴장감을 해소한다.

※ 준비물: 팝콘, 컵(인원수만큼)

1. 참여자들은 원으로 둥글게 앉는다.

   "이번 활동은 '팝콘 던져 받아 먹기'예요.

   입으로 받을 수 있도록 조절하면서 팝콘을 던져요."

2. 리더는 참여자들에게 팝콘을 담은 컵을 1개씩 나누어 주고 시범을 보인다.

   "자, 이제 팝콘 담긴 컵을 여러분에게 줄게요.

   먼저 내가 한번 해 볼게요.

   이렇게 적당한 높이로 팝콘을 1개씩 던진 후 입으로 받아 먹는 거예요."

3. 참여자들이 각자의 속도로 하게 하고, 더 하고 싶은 사람에게는 팝콘을 더 주도록 한다.

4. 리더는 상황에 따라 활동 시간을 조절한다.

주제 1 나의 갈등 해결 유형 알아보기

평소 자신이 갈등 상황에 직면했을 때 어떻게 행동하는지를 이해하고, 각 유형의 장단점에 대해 함께 생각해 보는 시간을 갖는다.

"오늘은 우리가 화나는 상황이나, 어떤 문제가 발생했을 때 스스로 어떻게 해결하려고 하는지를 살펴볼 거예요. 다시 한 번 말하지만, 맞고 틀린 게 있는 건 아니에요. 그냥 서로 '아, 나는 이렇게 해결하려고 하는 유형이구나.' 하고 알아보는 거예요."

1. 〈활동지 9-1: 나는 어떤 유형일까?〉를 작성한다.
   -가장 높은 점수를 받은 유형이 '나의 갈등 해결 유형'이 된다.

2. 갈등 해결 유형 질문지의 결과를 살펴보고 각 유형의 특징을 설명한다.
   "A형은 느긋한 거북이형이네요. 다른 사람들과 문제가 생기면 피해 버리는 형이죠. 누군가와 의견을 나누고 해결하기보다는 도망간다고 해야 할까요? B형은 열정적인 사자형이에요. 한 번 내가 생각한 것은 끝까지 밀고 가는 형이죠. 한 번 다툼이 나면 상대방이 내 의견을 받아들일 때까지 내 의견을 밀어붙이죠. C형은 다정한 곰돌이형이네요. 우리가 성격이 '곰 같다.'고 하잖아요? '그냥 내가 지는 게 편하다.' '그냥 남의 의견대로 들어주자.' 하는 유형이죠. D형은 영리한 여우형이에요. 나에게 득이 될지, 해가 될지 따지는 유형이죠. 손해 보는 것을 싫어하고요. E형은 지혜로운 부엉이형이에요. 상대방의 이야기를 들어 보고, 시간이 걸리더라도 모두가 만족할 방법을 찾으려고 노력하는 유형이죠.

3. 자신의 유형에 따라 같은 유형별로 자리 배치를 새로 한다.
   〈Tip〉 전체 인원이 적을 경우는 각자 자신의 유형에 대해서 생각해 본다.

4. 〈활동지 9-2: 다섯 가지 갈등 해결 유형〉을 활용하여 유형별 갈등 해결 시 장점과 단점을 생각하여 적어 보도록 하고, 이를 조별로 발표해 본다.

활동지 9-1 나는 어떤 유형일까?

다음에 제시된 문장을 잘 읽고, 각 문장의 내용이 평소 자신의 생각과 얼마나 일치한다고 생각하는지 해당하는 점수를 괄호 안에 적어 주세요.

*1=전혀 그렇지 않다, 2=그렇지 않다, 3=보통이다, 4=그렇다, 5=매우 그렇다

	문장	A	B	C	D	E
1	싸움은 피하는 것이 상책이다.	( )				
2	내 생각대로 사람들을 설득하는 것은 능력이다.		( )			
3	부드러운 말은 무자비한 마음을 푼다.			( )		
4	이에는 이, 눈에는 눈				( )	
5	한 사람의 생각보다 여러 명의 의견이 더 낫다.					( )
6	두 사람이 다툴 때 먼저 침묵을 지키는 사람이 더 훌륭하다.	( )				
7	힘이 곧 정의이다.		( )			
8	친절한 사람은 적이 없다.			( )		
9	(협상에서 결과가) 아주 없는 것보다는 조금이라도 있는 것이 낫다.				( )	
10	솔직함, 정직함, 믿음이 있으면 산이라도 옮긴다.					( )
11	뜻이 다른 사람과는 가까이 하지 않는 것이 좋다.	( )				
12	싸움에서는 무조건 이겨야 한다.		( )			
13	내 몸이 피곤해도 친구가 도와 달라고 하면 일단 도와준다.			( )		
14	선물은 좋은 친구를 만든다.				( )	
15	갈등은 해결될 수 있다.					( )
16	갈등을 다루는 최선의 방법은 피하는 것이다.	( )				
17	세상에는 승자와 패자 두 종류의 사람이 있다.		( )			
18	받는 것보다 주는 것이 낫다.			( )		
19	둘 다 중간이라면 공평하게 얻은 것이다.				( )	
20	시간이 걸려도 모두 만족하는 방법을 찾아야 한다.					( )
	총점을 세로로 더해 주세요. 각 유형별 내 점수는?					

활동지 9-2 다섯 가지 갈등 해결 유형

유형별 갈등 해결 시 장점과 단점을 생각하여 적어 보세요.

A형: 느긋한 거북이형(갈등을 피하기 위해 상황 자체를 회피하는 유형)

장점	단점
싸움이 적다. 빠르게 해결된다.	답답해진다. 나중에 혼자 있을 때 화가 난다.

B형: 열정적인 사자형(어떤 상황에서도 자기의 목표를 포기하지 않는 유형)

장점	단점
결국 원하는 대로 되는 경우가 많다. 내가 손해 보지 않는다.	싸움이 생기기 쉽다. 상대방이 내 요구를 들어주지 않으면 화가 난다.

C형: 다정한 곰돌이형(관계를 유지하기 위해서 자기의 목표를 포기하는 유형)

장점	단점
싸움이 적다. 친구들이 좋아하는 경우가 많다.	계속 혼자 손해 보는 억울한 느낌이 든다.

D형: 영리한 여우형(득과 실을 따져서 손해 보지 않는 유형)

장점	단점
내가 원하는 것과 남이 원하는 것을 모두 어느 정도는 만족시킨다.	너무 눈치를 보고, 머리를 쓸 때가 있다.

E형: 지혜로운 부엉이형(시간을 갖고 모두의 만족을 찾는 유형)

장점	단점
결국 모두가 만족하게 되는 경우가 많다. 싸움이 적다.	시간이 오래 걸릴 수 있다.

주제 2 대처 유형 소개

실제 갈등 상황의 예를 활용하여 어떤 대처 유형이 있을지 생각해 본다.

"지금부터는 실제로 다른 사람과 갈등이 생겼을 때, 내가 어떻게 행동하는지를 살펴볼 거예요."

1. 〈활동지 9-3: 대처 유형 소개(1)〉과 〈활동지 9-4: 대처 유형 소개(2)〉를 작성한다.

2. 〈활동지 9-3: 대처 유형 소개(1)〉의 경우는 '나 없는 대처'로 갈등을 피하기 위해 상황 자체를 회피하거나, 관계를 유지하기 위해서 자기의 목표를 포기하는 유형이 여기에 속할 수 있다. 〈활동지 9-4: 대처 유형 소개(2)〉의 경우는 '나 우선 대처'로 어떤 상황에서도 자기의 목표를 포기하지 않는 유형일 수 있다.

3. 자신은 어디에 어떤 대처 유형에 가까운지 생각해 보고, 각 대처 유형에 따라 어떤 장점과 단점이 있을지 발표해 본다.

4. 앞의 상황(친구가 자꾸 내가 앉은 의자를 툭툭 건드리며 놀린다)에서 '함께 하는 대처'는 어떤 것이 있을지 생각해 보도록 한다.
   '함께 하는 대처'의 예로는 '일단은 의자를 치고 놀리는 이유에 대해 물어본다.' "단순히 '하지 마.'라고 말하기보다는 '내가 조금 쉬고 싶은데 도와줄 수 있니?'라고 이유를 들며 청유형으로 말을 한다." '내가 화내기 직전까지도 계속 다른 사람의 도움을 청한다.' 등이 있을 수 있다.

활동지 9-3 대처 유형 소개(1)

다음 대처 행동은 어떤 대처 유형일지 생각해 보세요. 그리고 장 · 단점을 써 보세요.

상황: 친구가 자꾸 내가 앉은 의자를 툭툭 건드리며 놀린다.

대처 행동	• 화가 나지만 반응하지 않고 속으로 참기만 한다. • 친구가 밉지만 표현하지 않는다. • 친구의 행동이 바뀌기를 바라지만 아무 행동도 하지 않는다. • 아예 그 상황을 피해 다른 곳(화장실, 운동장 등)으로 간다.
대처 유형	• 나 없는 대처 (○) • 나 우선 대처 ( ) • 함께 하는 대처 ( )
장점	• 싸움이 적다. • 가끔은 표현을 하지 않아서 큰 다툼으로 번지지 않고 시간이 지나면 화가 풀리는 경우도 있다.
단점	• 나중에 억울해지거나 답답해지기도 한다. • 계속 나만 손해 본다는 생각에 친구와의 만남을 결국 피하게 된다.

활동지 9-4 대처 유형 소개(2)

다음 대처 행동은 어떤 대처 유형일지 생각해 보세요. 그리고 장·단점을 써 보세요.

상황: 친구가 자꾸 내가 앉은 의자를 툭툭 건드리며 놀린다.

대처 행동	• 씩씩대며 신경질을 낸다. • 참다가 갑자기 화를 낸다. • 책상을 손으로 내리치며 소리를 지른다. • 힘을 과시하며 심하게 욕을 해 준다. • 친구에게 폭력을 행사하여 꼼짝 못하게 한다.
대처 유형	• 나 없는 대처 ( ) • 나 우선 대처 (○) • 함께 하는 대처 ( )
장점	• 내가 원하는 대로 되는 경우가 많다. • 바로 화를 내니까 상대방이 내가 무엇을 말하는지 잘 알게 된다. • 나에게 함부로 대하지 못한다.
단점	• 상대방과 크게 싸워서 다시 안 보게 될 수도 있다. • 화를 내고 나서 미안해지거나 어색해지기도 한다. • 다른 친구들이 나를 피한다.

정리

- 프로그램을 통해 느낀 점을 나눈다.
  무엇을 새롭게 알게 되었는지, 어떤 도움이 될 것 같은지, 무엇이 조금만 달라지면 문제해결에 도움이 될 수 있을지, 달라진 내 행동에 주변 사람들은 어떻게 반응할 것인지 등을 충분히 생각하고 나눌 수 있도록 지도한다.
- 다음 시간에 대해 공지한다.

주의사항

- 참여자들에게 질문을 할 때는 최대한 구체적으로 대답할 수 있도록 지도하되, 취조식의 질문을 하지 않도록 유의한다.
- 지도자가 생각하는 대답을 유도하지 않도록 유의한다.
- 지도자는 적절한 예를 알고 있어도 처음부터 말하지 않도록 유의한다.

10회기 잠깐! 생각해 보자

주제

자기통제 및 문제해결(3)

- 분노 감정을 다루는 방법 익히기
- 멈춤-생각-평가-행동 방법 배우기

목표

- 멈춤-생각-평가-행동 방법을 배운다.
- 다양한 갈등 상황의 예를 활용하여 바람직한 문제해결 방법들을 적용해 본다.

치료놀이활동

- 종이컵 쌓기
- 두 손 수레로 초콜릿 먹기

준비물

- 활동지: 10-1 문제해결 활동지(1), 10-2 문제해결 활동지(2)
- 화이트보드, 치료놀이활동 준비물

10회기 치료놀이활동

[활동] 종이컵 쌓기

*활동 의도 및 효과
- 협동심을 증진시킨다.
- 힘 조절 능력을 향상시킨다.

※ 준비물: 종이컵 팀당 10개, 끈 4개 달린 두꺼운 고무밴드 팀당 1개

1. 참여자들은 원으로 둥글게 앉는다.
   "이번 활동은 '종이컵 쌓기'예요. 2명씩 한 팀을 만드세요."

2. 리더는 보조 리더와 함께 활동을 시범을 보이며 설명해 준다.
   "이렇게 고무줄에 달린 끈을 양손으로 잡아당겨 컵을 이동시켜 쌓을 거예요."

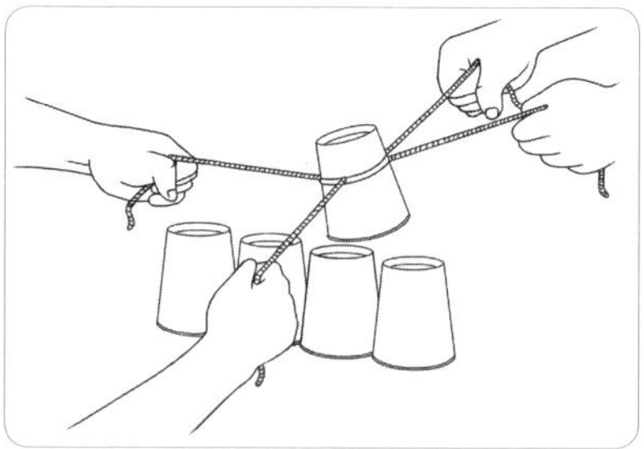

3. 각 팀에 종이컵 10개와 4개의 끈이 달린 고무밴드를 나누어 준다.
   "짝과 함께 고무밴드에 달린 끈을 당겨 종이컵 쌓기를 합니다.
   이제 앞에 있는 종이컵 10개를 맨 밑에 4개, 그 위 칸은 3개, 그 위는 2개, 맨 위에는 1개를 쌓아 올리는 거예요.
   자, 이제 시작하세요. 컵이 떨어지거나 쓰러지면 고무밴드를 이용해 다시 세웁니다."

4. 서로에게 보여 주기
   "컵을 다 쌓은 팀은 '빙고'라고 외치고, 활동이 모두 끝날 때까지 기다려 주세요."
   (리더는 '빙고'라고 외친 팀에게 박수를 쳐 주거나 엄지 척을 해 준다.)

5. 2명이 익숙해지면 4명이 한 팀이 되어 활동을 해 본다.

[활동] 두 손 수레로 초콜릿 먹기

*활동 의도 및 효과

- 협동심을 증진한다.
- 배려와 존중을 배운다.
- 조절 능력을 증진한다.

※ 준비물: 초콜릿(참여자 수보다 약간 많게), 접시(참여자 수의 1/2만큼)

1. 2인 1조로 한 팀을 이룬다.

"이번 활동은 '두 손 수레로 초콜릿 먹기'예요.

몸집과 힘이 비슷한 2명씩 짝을 지어 보세요."

2. 한 사람은 엎드리고 한 사람은 엎드린 사람의 발목을 잡는다.

"두 사람 중 한 사람은 엎드리고, 다른 한 사람은 엎드린 사람의 발목을 잡아 수레 모양을 만들어 보세요."

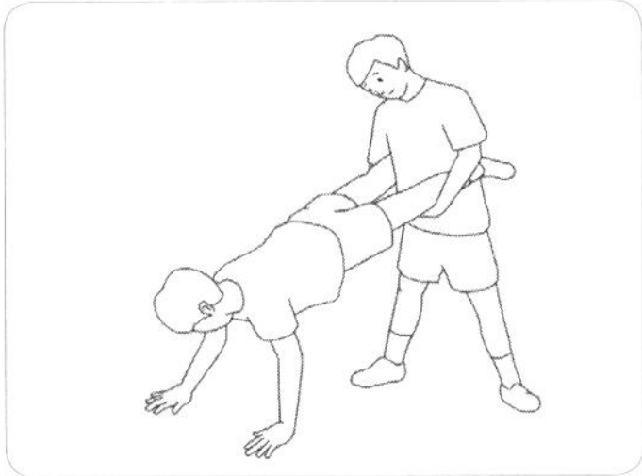

3. 두 손 수레로 초콜릿을 먹고 돌아온다.

"자, 연습이 끝났으면 출발선에 와서 서세요.

이제 두 손 수레를 만들어 주세요.

'출발'이라고 말하면 두 사람이 잘 협동해서 앞으로 가면 됩니다.

초콜릿을 입에 물었으면 두 사람이 함께 걸어서 다시 출발선으로 가세요."

4. 서로 역할을 바꾸어서 다시 활동한다.

"이제 두 사람이 역할을 바꾸도록 해요.

준비됐지요? 출발."

주제 1 멈춤-생각-평가-행동 방법 소개

1. 갈등의 상황에서 문제해결 방법인 멈춤-생각-평가-행동을 소개한다.
   "우리는 화가 나는 상황을 많이 만나게 돼요. 그럴 때마다 짜증이 나서 다른 사람에게 욕을 하거나 폭력을 행사한다면 다툼이 더 커질 수도 있겠죠? 이번 시간에는 그럴 때 어떻게 대처해야 하는지 그 방법에 대해서 배울 거예요. 그 과정을 외우기 쉽게 멈춤-생각-평가-행동, 이렇게 4단계로 나누어 보았어요."
   1) 멈춤: 무엇이 문제일까?
   2) 생각: 그때 내가 무엇을 할 수 있을까? (다양하게 생각해 보기)
   3) 평가: 어떤 방법이 가장 좋을까?
   4) 행동: 시도해 보기

2. 주어진 상황에 해당하는 멈춤-생각-평가-행동을 설명해 본다. 중간에 참여자들이 자연스럽게 생각을 말할 수 있도록 한다. 참여자들의 의견을 문제해결 활동지와 동일하게 화이트보드에 작성한다.

   상황: 나는 친구들과 어울려서 놀고 있었다. 나보다 힘이 세고 키가 큰 경수가 내가 귀엽다면서 내 볼을 자꾸 툭툭 쳤다. 처음에는 그렇게 기분 나쁘지 않았는데, 계속 내 볼을 치니까 조금씩 화가 났다. 또한 바로 직전에 선생님에게 혼이 나서 기분도 안 좋은 상태에서 경수도 그러니 더 화가 났다. 결국 화를 참을 수가 없게 되어 경수를 밀치고 욕을 했다.

   1) 멈춤: 무엇이 문제일까?
   "앞의 상황에서 무엇이 문제일까요? 좀 더 구체적으로 다음의 5가지 질문을 생각하면서 문제가 뭔지 생각해 보죠. '누가' '언제' '어디서' '무엇을' '어떻게' 문제가 발생하게 되었을까요?"
   2) 생각: 그때 내가 무엇을 할 수 있을까? (다양하게 생각해 보기)
   "앞의 예에서는 나는 결국 화가 나서 경수를 밀치고 말았죠? 만약 여러분이 나라면 어떤 다른 행동을 할 수 있었을까요?"
   주의 되도록 많은 참여자가 의견을 제시할 수 있도록 한다. 이 단계에서는 대안에 대해 좋고 나쁨을 판단하지 않는다. 충동 조절의 어려움이 있는 청소년에서는 대안을 생각하는 것의 어려움이 많으므로 진행자가 도움을 줄 수 있다.
   나올 수 있는 답변으로는 '화가 났지만 그냥 피한다.' '일단 크게 숨을 쉰 다음 생각을 해 보았다.' '그냥 내가 더 힘이 더 약하니 어쩔 수 없다고 생각했다.' '내가 기분이 나쁜데도 왜 자꾸 내 볼을 치냐고 말을 먼저 해 본다.' '화를 누그러뜨리는 혼잣말을 했다.' 등이 있을 것이다.

3) 평가: 어떤 방법이 가장 좋을까?

이번 단계에서는 각 대안들을 평가한다. 각 대안들의 긍정적인 혹은 부정적인 모든 결과를 생각하고, 그 결과들에 따라 각 대안을 −5 ~ +5점으로 평가한다. 그리고 가장 높은 점수를 받은 혹은 부정적인 결과가 가장 적은 대안을 고른다.

4) 행동: 시도해 보기

'3) 평가'에서 고른 대안을 시도해 본다. 그리고 상대방의 반응을 살펴본다.

활동지 10-1 문제해결 활동지(1)

멈춤: 문제가 무엇일까요?

나는 친구들과 어울려서 놀고 있었다. 나보다 힘이 세고 키가 큰 경수가 내가 귀엽다면서 내 볼을 자꾸 툭툭 쳤다. 처음에는 그렇게 기분 나쁘지 않았는데, 계속 내 볼을 치니까 조금씩 화가 났다. 또한 바로 직전에 선생님에게 혼이 나서 기분도 안 좋은 상태에서 경수도 그러니 더 화가 났다. 결국 화를 참을 수가 없게 되어 경수를 밀치고 욕을 했다.

생각: 다양한 해결책을 생각해 보세요.

1. 화가 났지만 그냥 피한다.
2. 일단 크게 숨을 쉰 다음 생각해 보기로 했다.
3. 그냥 내가 더 힘이 더 약하니 어쩔 수 없다고 생각했다.
4. 화를 누그러뜨리는 혼잣말을 했다.
5. 내가 기분이 나쁜데도 왜 자꾸 내 볼을 치냐고 말을 먼저 해 본다.

평가: 예상되는 결과는 어떠한지 각각 점수를 매겨 보세요.

	점수(−5 ~ +5)
1. 화가 났지만 그냥 피한다.	−1
2. 일단 크게 숨을 쉰 다음 생각해 보기로 했다.	+3
3. 그냥 내가 더 힘이 더 약하니 어쩔 수 없다고 생각했다.	0
4. 화를 누그러뜨리는 혼잣말을 했다.	+2
5. 내가 기분이 나쁜데도 왜 자꾸 내 볼을 치냐고 말을 먼저 해 본다.	+2

가장 높은 점수를 받은 생각을 골라 적어 보세요.

일단 크게 숨을 쉰 다음 생각해 보기로 했다.

행동: 고른 해결책대로 행동해 보세요. 그리고 상대방의 반응을 살펴보세요.

주제 2 문제-생각-평가-해결 방법 작성하기

1. 참여자들에게 실제로 최근에 발생한 갈등 상황에 대해 〈활동지 10-2: 문제해결 활동지(2)〉의 첫 번째 칸에 작성하도록 격려한다. 그리고 지원자를 정해서 활동지의 멈춤-생각을 읽도록 한다. 시간이 된다면 되도록 많은 참여자가 발표할 수 있도록 한다.

2. 참여자들에게 발표자가 생각한 대안 외에 다른 방법이 있는지 알아본다.
"자, 여러분이 지금 ○○○가 말한 상황에 처해 있다고 생각해 보세요. 여러분이라면 어떻게 하실 것 같나요? 어떤 다른 생각, 행동을 할 수도 있었을까요?"

3. 참여자들이 모두 평가를 해서 각 생각의 결과가 어떻게 될지 생각해 본다. 그리고 각 대안의 결과를 생각하고, 그 결과를 −5 ~ +5점으로 평가한다. 가장 높은 점수를 받은 생각을 정한다.

4. 다음 회기 전까지 발생한 상황에 대해 〈활동지 10-2: 문제해결 활동지(2)〉의 나머지 칸에 작성하도록 숙제를 준다. 이전에 배운 이완 훈련, 사용한 혼잣말 대처 방법을 적는 칸이 있다는 것을 설명한다.

활동지 10-2 문제해결 활동지(2)

1주일 동안 화가 나는 상황에서 멈춤–생각–평가–행동 방법을 해 보세요. 분노를 누그러뜨리기 위해 지금까지 배운 이완 훈련이나 혼잣말을 사용할 수 있음을 잊지 마세요.

멈춤: 문제가 무엇일까요?

이완 훈련 사용 ( )
혼잣말 사용 ( )

생각: 다양한 해결책을 생각해 보세요.

1. ______
2. ______
3. ______
4. ______
5. ______

평가: 예상되는 결과는 어떠한지 각각 점수를 매겨 보세요.

	점수(-5 ~ +5)
1. ______	______
2. ______	______
3. ______	______
4. ______	______
5. ______	______

가장 높은 점수를 받은 생각을 골라 적어 보세요.

______

행동: 고른 해결책대로 행동해 보세요. 그리고 상대방의 반응을 살펴보세요.

______

______

______

정리

- 활동에 대한 소감과 이번 회기를 통해 새롭게 알게 된 점 등을 함께 나눈다.
- 숙제로 〈활동지 10-2: 문제해결 활동지(2)〉를 작성해 오도록 한다.

주의사항

- 생각 단계에서 대안을 제시할 때 즉각적인 평가나 충고를 하기보다는 참여자의 말을 있는 그대로 받아 적는다.
- 〈활동지 10-2: 문제해결 활동지(2)〉에서 결정한 생각을 실제로 행동할 수 있도록 한다.

11회기 잠깐! 행동해 보자

주제

자기통제 및 문제해결(4)

- 분노 감정을 다루는 방법 익히기
- 멈춤-생각-평가-행동 방법 적용하기

긍정적 자아상 고취, 자신에 대한 희망 갖기

- 내가 만들어 가는 나의 미래

목표

- 멈춤-생각-평가-행동 방법을 활용한다.
- 다양한 갈등 상황의 예를 활용하여 바람직한 문제해결 방법들을 적용해 본다.
- 자신의 미래상에 대해 생각해 보고 새롭고 긍정적인 자기상을 형성한다.
- 현재 자신의 모습을 돌아보고 미래를 위해 준비해야 할 것들을 구체적으로 탐색한다.

치료놀이활동

- 엉킨 손 풀기(1)

준비물

- 활동지: 11-1 문제해결 활동지(2), 11-2 내가 만들어 가는 나의 미래
- 1회기에서 사용한 활동지: 1-3 과거, 현재, 미래의 나
- 화이트보드, 조용한 음악

11회기 치료놀이활동

[활동] 엉킨 손 풀기(1)

*활동 의도 및 효과
- 자연스럽고 긍정적인 접촉을 이끌어 낸다.
- 협동의 즐거움과 성취감을 경험한다.

※ 준비물: 없음

1. 참여자들은 원으로 둥글게 선다.

"이번 활동은 '엉킨 손 풀기'예요.
내가 먼저 내 맞은편에 있는 ○○의 한 손을 잡을게요.
○○는 자신의 남은 손을 맞은편 (혹은 옆)에 있는 다른 친구의 손을 잡으세요.
이런 방식으로 우리 모두 손을 잡아 모든 손이 엉키도록 할 거예요."

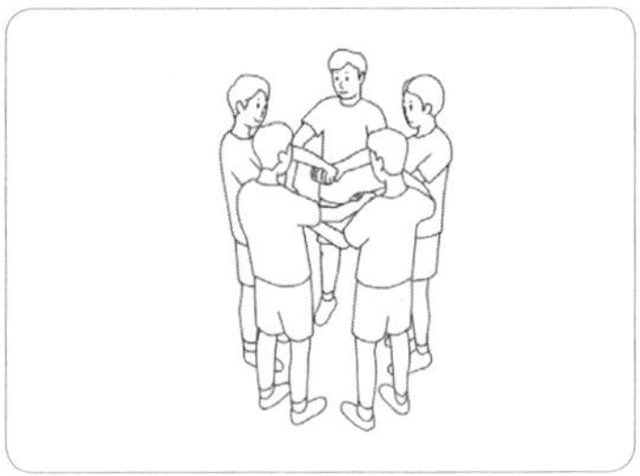

2. 참여자들은 팀을 나누어 활동한다.

"이 활동을 하기에는 우리 수가 너무 많아요.
이제 ○명(4~6명)씩 나누어서 팀을 만들어요.
그럼 한 친구가 먼저 시작해 주세요.
손들이 엉키게 잘 잡았네요."

3. 참여자들은 손을 놓지 않고 엉킨 것을 풀도록 한다.

"자, 엉킨 손을 풀어 볼까요?"
(엉킨 것이 풀렸을 때 몇 사람은 앞을 보고 몇 사람은 뒤를 보고 있게 된다.)

4. 각 팀 참여자들의 손이 다 풀리면 활동이 끝나거나 각 팀의 수를 늘려 활동을 더 해 볼 수 있다.

주제 1 멈춤-생각-평가-행동 방법 발표 및 토론

1. 이전 회기에서 과제로 낸 〈활동지 10-2: 문제해결 활동지(2)〉에서 하나의 상황을 발표하도록 한다. 여기서 발표자가 작성한 '생각(대안)'까지 발표를 하게 한다. 그러고 나서 다른 참여자들이라면 어떻게 했을 것 같은지 이야기를 해 보도록 한다. 또한 모든 참여자가 같이 평가하도록 해서 가장 좋은 생각을 정해 본다.
   "저번 시간에 작성한 활동지를 보면서 누가 발표해 볼까요? 다른 사람들 앞에서 말하는 것이 부끄러울 수도 있고, 창피할 수도 있지만 선생님과 다른 친구들이 도움을 줄 수 있을 거예요. 특히 그 상황에서 많은 생각을 할 수 없었을 때, 너무 화가 나서 참기 힘든 경우에는 다른 사람들의 생각과 조언이 더 도움이 될 것 같아요."

   〈'생각'까지 발표한 이후〉
   "그럼 만약 여러분이 이 상황이라면 어떻게 했을 것 같나요? 발표자가 이미 충분히 잘 대처한 것 같아서 그 행동에 동의할 수도 있고, 나라면 이렇게 했을 것 같다는 의견이 있을 것 같은데요. 다시 말하지만, 여기에는 정답이 없어요. 단지 많은 사람의 의견을 들어 보고 가장 좋을 것 같은 생각, 행동을 찾아보는 과정이 더 중요해요."

   〈다른 참여자들의 생각(대안)들을 들은 후〉
   "만약 그 생각대로 한다면 어떤 결과가 있을지 각 생각마다 이야기를 해 볼까요? 그다음 저번 시간에 한 것처럼 -5 ~ +5점으로 점수를 매겨 보죠. 여러분은 어떻게 생각하나요?"

2. 만약 발표자가 멈춤-생각-평가-행동 방법에 따라 대안을 생각했고 실제로 행동했다면, 상대방의 반응이 어땠는지 솔직하게 이야기해 보도록 한다. 만약 긍정적인 반응을 얻었다면 그 행동에 따른 긍정적인 결과를 강조할 수 있고, 여전히 부정적인 반응을 얻었다 하더라도 그런 행동을 시도한 것 자체로도 칭찬해 줄 수 있다.
   "그때 멈춤-생각-평가-행동 방법을 할 수 있었나요? 그랬을 때 상대방의 반응이 어땠죠? 만약 그때 멈춤-생각-평가-행동 방법을 할 수 없었다면 왜 그랬을까요? 너무 화가 나서 이 방법을 생각하기 어려웠을까요? 아니면 생각해 보려 했지만 생각이 잘 나지 않았을 수도 있겠네요."

3. 이런 내용을 화이트보드에 적어 가면서 진행하고, 시간 진행에 따라 되도록 많은 참여자가 발표할 수 있도록 한다.

4. 〈활동지 11-1: 문제해결 활동지(2)〉를 다시 한 번 작성해 보도록 한다.
   "멈춤-생각-평가-행동 방법은 화가 나는 상황에서 적절하게 대처할 수 있는 1가지 방법이에요. 익숙해지는 시간이 필요하겠지만, 계속 연습하다 보면 폭력을 사용하지 않고도 우리의 감정을 조절할 수 있을 거예요. 또한 우리가 배웠던 이완 훈련과 분노를 누그러뜨리는 혼잣말은 항상 유용하다는 것을 잊지 마세요."

활동지 11-1 문제해결 활동지(2)

1주일 동안 화가 나는 상황에서 멈춤-생각-평가-행동 방법을 해 보세요. 분노를 누그러뜨리기 위해 지금까지 배운 이완 훈련이나 혼잣말을 사용할 수 있음을 잊지 마세요.

멈춤: 문제가 무엇일까요?

이완 훈련 사용 ( )
혼잣말 사용 ( )

생각: 다양한 해결책을 생각해 보세요.

1. ______
2. ______
3. ______
4. ______
5. ______

평가: 예상되는 결과는 어떠한지 각각 점수를 매겨 보세요. 점수(-5 ~ +5)

1. ______ ______
2. ______ ______
3. ______ ______
4. ______ ______
5. ______ ______

가장 높은 점수를 받은 생각을 골라 적어 보세요.

______

행동: 고른 해결책대로 행동해 보세요. 그리고 상대방의 반응을 살펴보세요.

______
______
______

도입

● 변화된 나의 모습

1. 지난 회기들을 통해 함께 했던 활동들에 대해 지도자가 간략히 정리한다.
2. 변화된 나의 모습
   - 프로그램에 참여하면서 변화된 자신의 모습을 떠올려 보게 한다.
   - 종이를 반으로 접어 한쪽에는 프로그램에 처음 참여할 때의 자신의 모습을, 다른 한쪽에는 프로그램을 마치는 지금 자신의 모습을 떠오르는 대로 몇 가지 적어 보게 한다.
   - 1회기에서 자신이 바라는 모습을 적어 타임캡슐에 넣었던 〈활동지 1-3: 과거, 현재, 미래의 나〉를 꺼내어 자신이 적은 내용과 비교해 보고, 원하는 모습에 얼마나 가까워졌는지 생각해 보게 한다.
   - 자신의 변화에 대한 내용과 소감을 함께 나누고, 서로의 변화된 모습(표정, 태도, 행동, 말투 등)에 대하여 구체적으로 피드백을 주고, 긍정적으로 변화된 부분에 대해서 칭찬의 말을 건넬 수 있도록 한다.

주제 2 내가 만들어 가는 나의 미래

미래에 대한 희망을 갖는 것은 현재의 어려움을 이길 수 있는 힘이 됨을 설명한다. 또한 불분명한 자신의 미래상을 구체적으로 확인해 봄으로써 지금 내가 무엇을 해야 하는지를 실질적으로 결정할 수 있음을 설명한다.

1. 조용한 음악을 틀어 주고 꿈꾸는 자신의 미래와 지금부터 내가 노력할 수 있는 일에 대해서 생각하는 시간을 가진 다음, 〈활동지 11-2: 내가 만들어 가는 나의 미래〉에 적어 보도록 한다.

2. 자신이 바라는 모습이 되기 위하여 지금 내가 노력해야 하는 일과 가장 먼저 시작해야 하는 일을 실현 가능한 것부터 구체적으로 생각하고 기록하도록 지도한다.

3. 이처럼 꿈을 이루기 위해서는 지금부터 부지런히 준비해야 할 것들이 있으며, 각자에게는 꿈꾸는 일을 이룰 수 있는 충분한 시간과 능력이 있음에 대해 이야기하며 참여자들을 지지해 준다.

활동지 11-2 내가 만들어 가는 나의 미래

내가 꿈꾸는 미래의 나의 모습을 위해
지금부터 나는 어떠한 노력을 할 수 있을까요?

	미래의 나의 모습	지금부터 내가 할 일은?
1주일 후	1주일간 친구와 싸우지 않는다.	호흡법과 근육 이완법을 연습해 본다. 〈활동지 11-1〉을 끝까지 완성해 본다.
1개월 후	내 감정을 지금보다 잘 조절한다.	멈춤-생각-평가-행동 방법을 꾸준히 연습해 본다. 호흡법을 매일 10분간 해 본다.
6개월 후	다시 학교에 잘 적응해서 다닌다.	이 시간에 배웠던 것을 꾸준히 연습해 본다. 하루에 30분씩 공부를 한다.
1년 후	좋고 믿을 만한 친구라는 평가를 듣는다.	하루에 한 번씩 작은 일이라도 친구를 돕는 일을 찾아본다.
5년 후	호텔경영학과에 들어가 호텔리어로서의 삶을 준비한다.	학습 시간에 졸지 않도록 한다. 호텔리어는 좋은 인상이 필요하므로 하루에 거울을 보며 웃는 연습을 한다.
10년 후	돈을 벌어서 세계 여행을 간다.	하루에 영어 단어를 10개씩 외운다. 시간이 날 때마다 가고 싶은 도시를 적어 본다.

정리

- 활동에 대한 소감과 이번 회기를 통해 새롭게 알게 된 점 등을 함께 나눈다.
- 프로그램 첫 회기에서 작성했던 본인의 목표를 얼마큼 달성했는지 확인해 본다.
- 숙제로 〈활동지 11-1: 문제해결 활동지(2)〉를 다시 한 번 작성해 보도록 한다.

주의사항

- 실제 상황에서 〈활동지 11-1: 문제해결 활동지(2)〉의 방법을 최대한 적용해 볼 것을 권유한다.
- 결과에 따라서가 아닌, 멈춤-생각-평가-행동을 시도한 것 자체에 대해서 칭찬을 해 준다.
- 이 방법은 많은 연습이 필요하므로 점점 익숙해질 수 있다는 긍정적인 전망을 이야기해 준다.
- 충분한 지지와 격려를 통해 참여자들이 자기 자신에 대한 긍정감과 자신감을 가질 수 있도록 도움을 주되, 과장된 칭찬이나 훈계로 참여자들의 거부감을 불러일으키지 않도록 유의한다.

추가 혹은 대체 가능한 치료놀이활동

[활동] 엉킨 손 풀기(2)

*활동 의도 및 효과
- 자연스럽고 긍정적인 접촉을 이끌어 낸다.
- 협동의 즐거움과 성취감을 경험한다.

※ 준비물: 없음

1. 참여자들은 원으로 둥글게 선다.
   "이번 활동은 '엉킨 손 풀기'예요.
   자기의 왼팔을 아래로 오른팔을 위로 교차시켜 옆 사람과 손을 잡아 주세요."

2. 참여자들은 손을 놓지 않고 엉킨 손을 풀도록 한다.
   "제 옆에 있는 ○○부터 뒤로 돌아 자기의 교차된 손을 풀어 주세요."

3. 리더는 한쪽 팔을 들어 문을 만들어 준다.
   "이제 ○○부터 내가 만든 문으로 옆 사람의 손을 잡은 채로 차례차례 들어오면 됩니다.
   모두 손을 잡고 들어갑니다."

4. 참여자들이 다 통과하여 모두가 안쪽을 향한다.

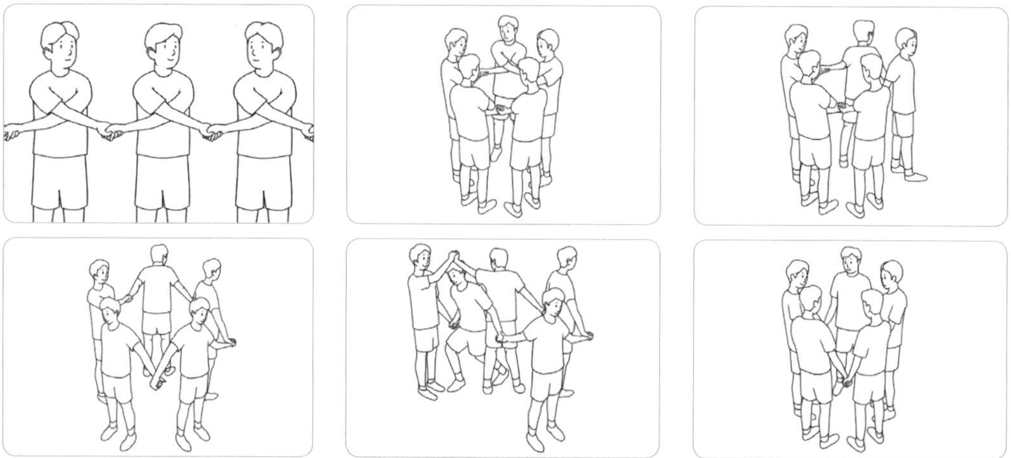

[활동] 돌림 노래 부르기

*활동 의도 및 효과
- 집중력을 증진한다.
- 함께 맞춰서 하는 활동으로 조절 능력을 향상시킨다.

※ 준비물: 없음

1. 참여자들은 원으로 둥글게 앉는다.

"이번 활동은 '돌림 노래 부르기'예요.

먼저, 팀을 홀수 팀, 짝수 팀으로 나눌 거예요.

자, 이제 나부터 돌아가면서 숫자를 셀 거예요."

2. 리더가 기준이 되어 1부터 숫자를 센다.

"자기의 숫자가 홀수인 사람 손 들어 봐요. 여러분은 ○○ 선생님과 같은 팀이에요.

자기의 숫자가 짝수인 사람 손 들어 봐요. 여러분은 나와 같은 팀이에요."

3. 각 팀은 원으로 둥글게 앉는다.

"두 팀은 자기 팀의 리더와 함께 자리에 가서 원으로 앉으세요."

4. 두 팀은 시차를 두고 노래를 부른다.

"○○ 선생님이 먼저 시작하세요. 한 소절이 끝나면 우리 팀이 처음부터 부를 거예요.

다른 팀을 따라가지 않고 끝까지 잘 부르면 돼요."

5. 노래가 끝나면 다시 한 원으로 둥글게 앉아 팀을 좀 더 나누어 부른다.

[활동] 기차놀이

*활동 의도 및 효과
- 상호작용을 증진한다.
- 규칙을 즐겁게 수용할 수 있다.

※ 준비물: 없음

1. 참여자들은 2명씩 짝이 되어 선다.

   "이번 활동은 '기차놀이'예요.

   짝이 된 두 친구 중 한 사람은 머리가 되고 한 사람은 꼬리가 되어 한 손을 잡고 서세요."

2. 손을 잡고 한 줄로 기차가 되어 노래를 부르며 돌아다니다 '얼음' 하면 멈추어 가까이에 있는 팀과 가위바위보 하여 진 팀의 머리는 이긴 팀의 꼬리가 된다.

   "이 놀이의 규칙은 자기 팀 기차를 한 손으로 연결해서 만드는 거예요.

   자, 시작합니다." (리더는 노래를 선창하고 다 같이 노래를 부르며 움직인다.)

   "얼음." (노래의 적당한 소절에서 신호를 주면 된다.)

   "자기와 가까이에 있는 팀을 만나 머리인 사람끼리 가위바위보 하세요.

   진 팀 머리는 이긴 팀의 꼬리 뒤로 가서 앞 사람의 손을 잡으면 돼요."

3. (끝난 소절 다음을 연결하여) 다시 노래를 부르며 활동이 시작되고, 혼자 남은 친구는 머리 역할을 하여 꼬리를 만들거나 다른 팀의 꼬리가 된다.

[활동] 도넛 돌려 먹기

*활동 의도 및 효과
- 놀이를 통해 즐거움을 느낀다.
- 조절 능력을 증진한다.

※ 준비물: 참여자 수만큼의 도넛

1. 참여자들은 원으로 둥글게 앉는다.
   "이번 활동은 '도넛 돌려 먹기'예요."

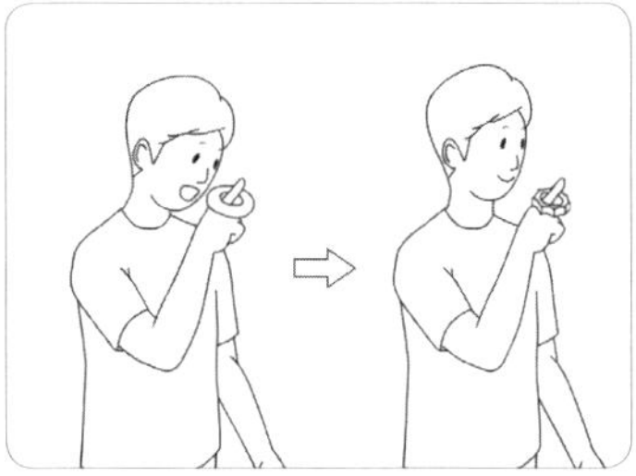

2. 물티슈나 수건으로 손을 깨끗하게 닦도록 한다.
   "먼저 각자의 손을 깨끗하게 닦도록 해요."

3. 참여자들에게 가운데 구멍이 있는 도넛을 나누어 준다.
   "자, 각자 받은 도넛을 자신의 편한 쪽 검지에 끼워 보세요.
   이제 손으로 집지 않고 도넛을 입으로 베어 먹어요."

4. 도넛을 자신의 검지에 끼우고 계속 동그라미 모양이 유지되도록 손을 돌려 가며 먹는다.
   "중간 동그라미 모양을 잘 살려서 먹는 거예요.
   자, 이제 가는 동그라미 모양만 남은 사람은 손을 올려 주세요."

[활동] 등 사이에 풍선 끼고 돌아오기

*활동 의도 및 효과
• 도전 활동을 통해 성취감을 경험한다.
• 함께 협동하는 활동으로 조절 능력을 증진한다.

※ 준비물: 풍선(필요한 수만큼 / 4명 기준 3개)

1. 참여자들은 원으로 둥글게 선다.

   "이번 활동은 '등 사이에 풍선 끼고 돌아오기'예요."

2. 2명씩 짝이 되어 등을 대고 선다.

   "가까이에 있는 친구와 2명씩 짝이 되어 출발점에서 보세요."

   (출발선과 반환선을 테이프로 표시해 둔다.)

3. 각 팀에 적당히 분 풍선을 1개씩 나누어 준다.

   "이제 등을 대고 서서 풍선을 등 사이에 넣어 주세요.

   좋아요! 손은 자기의 허리에 대 주세요.

   "등 사이에서 풍선이 빠지지 않도록 적당한 힘으로 서로 밀면서 걸어가요."

4. 리더는 신호를 준다.

   "풍선이 빠지면 그 자리에서 다시 시작하면 돼요.

   준비, 출발~!"

5. 참여자들은 4명씩 짝을 이루어 활동한다.

   "이번에는 4명이 한 팀을 이루어 활동할 거예요.

   두 팀에서 서로 마주 보는 친구들에게 풍선을 하나 더 줄게요.

   마주 보는 두 사람은 팔을 쭉 펴서 풍선에 손을 대고 걸어요."

6. 리더는 신호를 준다.

"서로의 속도와 힘을 배려해서 걸어가세요.

준비, 출발~!"

7. 반환선에 도착하면 위치를 바꾼다.

"이제 가운데 마주 보고 있던 친구들이 양끝으로 가고, 끝에 있던 친구들이 서로 마주 보고 서서 출발선으로 돌아갈 거예요. 출발~!"

활동지

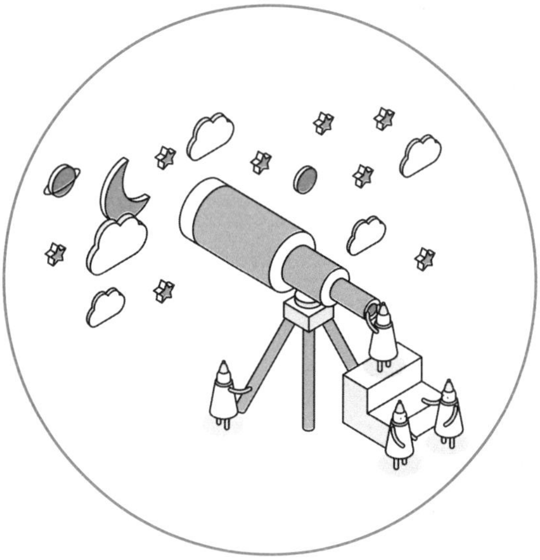

활동지 1-1 내 짝을 소개합니다

내 짝을 소개합니다.

- 이름:

- 별명:

- 취미 및 관심거리:

- 좋아하는 노래:

- 좋아하는 음식:

- 좋아하는 계절:

- 좋아하는 연예인:

- 지금 나의 기분:

- 10년 후에 바라는 내 모습:

- 앞으로의 꿈:

활동지 1-2 우리가 함께 지켜야 할 약속

우리가 함께 지켜야 할 약속

하나.

둘.

셋.

넷.

다섯.

여섯.

일곱.

여덟.

아홉.

열.

년 월 일

이름: (서명)

활동지 1-3 과거, 현재, 미래의 나

과거, 현재, 미래의 나의 모습을 적어 보세요.

과거의 나

-
-
-

현재의 나

-
-
-

미래의 나

-
-
-

년 월 일

이름: (서명)

활동지 1-4 나 자신과의 약속

나 자신과의 약속

하나.

둘.

셋.

넷.

다섯.

년 월 일

이름: (서명)

활동지 2-1 폭력 상황 카드

이것이 무슨 상황인지에 대해 묻고, 이 행동이 폭력인지 아닌지 맞혀 보세요.

●

체육 시간이다. 평소에 체육을 제일 잘한다고 인정받던 나인데, 오늘 ○○가 나보다 잘한다고 주목을 받았다. ○○가 우쭐거리는 것 같고 짜증이 난다. 그래서 체육 시간 이후로 ○○가 말을 걸어도 대답도 안 하고 눈도 안 마주치고 있다.

체육 시간에 반에서 도난 사건이 터졌다. 분명 평소에 빌빌거리고 못나 보이는 ○○가 훔쳐 간 게 분명하다. 증거는 없지만 반 아이들에게 ○○가 도둑질을 했다고 소문을 냈다.

●

'야!' 하며 ○○를 툭 밀친다. 별 반응이 없다. 이번에는 머리카락을 잡아당긴다.

오늘 시험인데 공부를 안 했다. 시험 보는 도중에 앞에 앉은 ○○의 의자를 툭툭 치며 시험지를 보여 달라고 했다.

●

○○이 머리를 감지 않았는지 머리에서 냄새가 났다. 집에 가면서 다른 친구에게 "야~ 오늘 ○○이 머리 냄새 나서 죽는 줄 알았어. ○○ 너무 더럽지 않냐?"라고 말했다.

성이 채 씨인 친구가 있다. 키도 작고 빼빼 말라서 평소에 "야! 채소!"라고 부른다. 내가 생각해도 기가 막힌 별명이다.

친구가 하는 행동이 매우 거슬린다. 그래서 생각날 때마다 '정신 좀 차리고 똑바로 하라고, 짜증 난다'고 카톡을 보낸다.

활동지 2-2 폭력/비폭력 상황 카드

카드를 보고 〈활동지 2-3: 폭력 상황 카드 분류판〉에 분류에 맞게 적어 보세요.

친구가 실수해도 모른 척해 주기	외모에 자신 없어 하는 친구에게 외모에 관련된 농담을 계속하기	친구가 나를 부르는데도 아는 척하지 않기
친구가 눈을 피할 때까지 노려보기	간식 나눠 먹기	친구의 실수에 '다음에는 더 잘할 수 있을 거야.'라고 말해 주기
평소 부르던 별명을 불렀는데 오늘 컨디션이 좋지 않았던 친구가 '그만해.'라고 말했지만 계속 별명 부르기	날 괴롭히는 친구의 나쁜 소문을 퍼트리기	서로 합의하에 팔씨름하기
실수하면 낄낄대며 웃기	상대방의 말을 잘 들어 주기	잘 알고 있던 친구에게 기분 나쁘지 않은 선에서 별명 부르기
나보다 힘이 약한 친구에게 계속 심부름시키기	친구가 다른 친구를 돕는 것을 막기	어깨 주물러 주기
운동할 때 끼워 주기	친구의 표정이 굳어 있지만 친구가 귀엽다고 볼을 잡아당기기	식당에서 줄 서 있는 동안 친구를 밀치기

활동지 2-3 폭력 상황 카드 분류판

〈활동지 2-2: 폭력/비폭력 상황 카드〉의 상황을 분류에 맞게 적어 보세요.

신체적 괴롭힘

-
-
-

언어적 괴롭힘

-
-

관계적 괴롭힘

-
-
-
-
-

비폭력

-
-
-
-
-
-
-
-

활동지 2-4 ○× 게임용 문장

폭력에 대한 진실/거짓을 ○/×로 표시해 보세요.

내용	○/×
친구가 괴롭힘을 당할 때 옆에서 웃고만 있는 것은 폭력이 아니다.	
진짜 맞을 만한 짓을 하는 사람들은 맞아야 한다.	
나는 재미로 놀렸지만 상대방이 기분 나빠 한다면 폭력이 될 수 있다.	
내 생각이 옳다면 나와 생각이 다른 사람들은 때려서라도 설득해야 한다.	
자주 맞는다면 분명 맞는 사람에게 문제가 있을 것이다.	
친구들이 괴롭힐 때 참지 말고 주변에 알리고 도움을 요청해야 한다.	
여자를 때리는 것은 비겁한 일이지만 남자들끼리는 괜찮다.	
때리거나 괴롭힐 때 친구가 '싫어.'라고 말해도, 실제로 속으로는 즐기는 것이다.	
사람을 차별하는 일도 폭력이다.	
친구들과 어울리려면 하기 싫어도 다른 사람을 괴롭힐 때 같이 괴롭혀야 한다.	
화가 날 때 폭력을 사용하면 더 이상 화가 나지 않을 것이다.	
많은 사람이 편하기 위해 소수의 사람이 희생되는 것은 어쩔 수 없다.	
폭력을 통해 얻는 것보다 잃는 것이 더 많을 수 있다.	
폭력은 내가 강하다는 것을 보여 주는 좋은 방법이다.	
SNS로 하는 욕은 실제로 때리는 것보다 해가 안 되므로 어느 정도는 괜찮다.	

활동지 3-1 나의 분노 패턴 발견하기

평소 자신이 화가 나는 상황과 그 상황에서 자신의 변화를 생각해 보세요.

1. 평소 나를 화나게 하는 상황은

-
-
-

2. 화가 날 때 나는?

신체적 변화	행동적 변화
•	•
•	•
•	•

3. 화를 내고 난 후의 결과는?

어떤 결과가 나타났는지?	그때의 내 마음은?
•	•
•	•
•	•

활동지 3-2 감정온도계

화날 때 각 단계별로 느껴지는 분노 감정을 표현할 수 있는 단어를 적어 보세요.

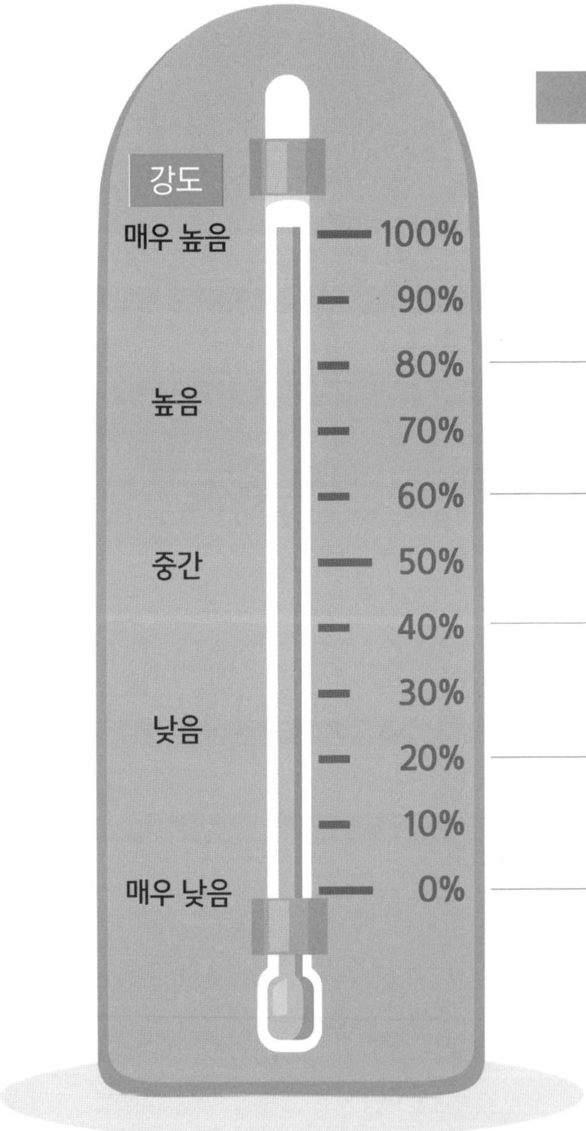

분노 표현 단어

활동지 3-3 감정온도계(1)

1주일 동안 어떤 상황에서 얼마나 화가 났는지 적어 보세요. 화가 난 상황에서의 분노 감정 정도(강도)를 표시하고, 그때 어떤 상황에서 왜 화가 났는지에 대해 적어 보세요.

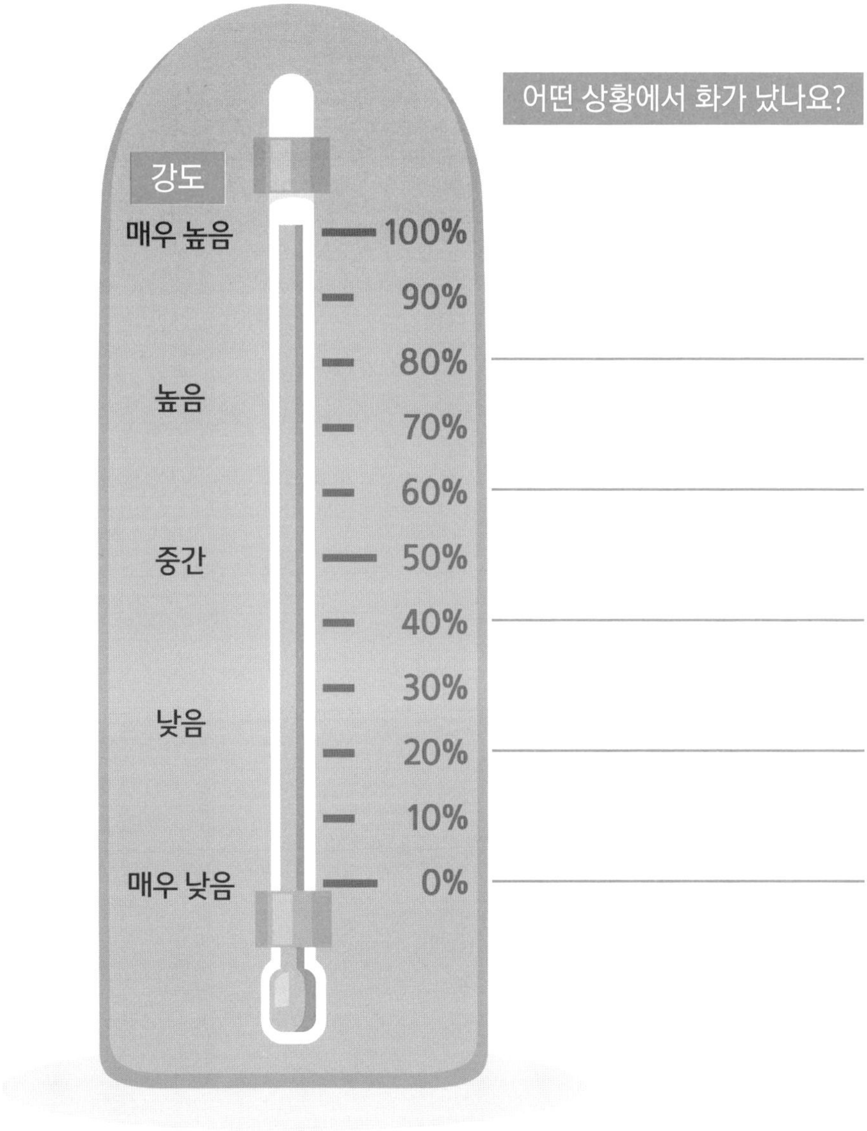

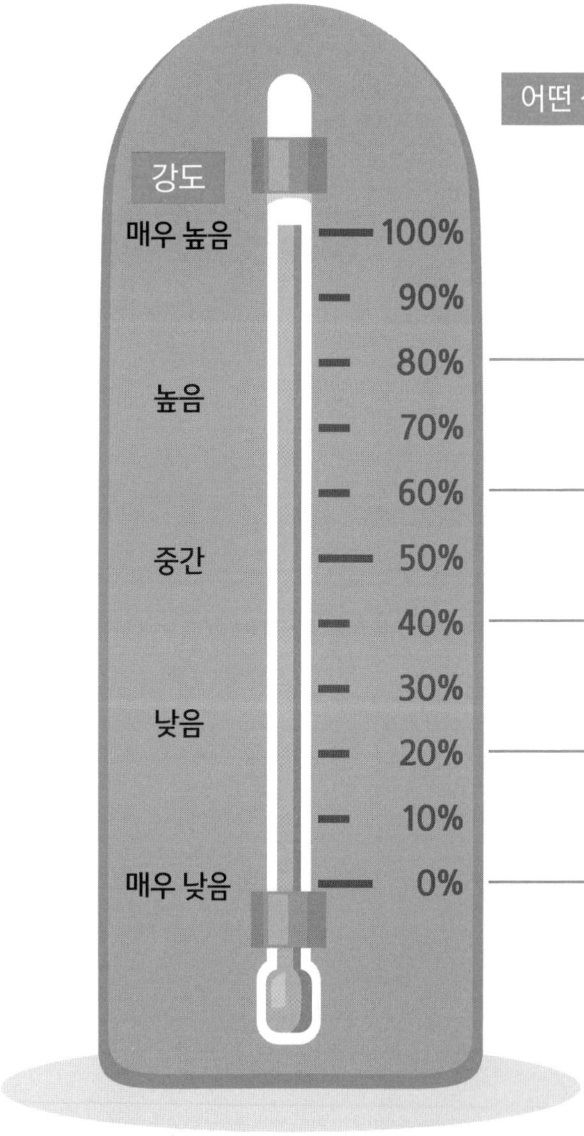

어떤 상황에서 화가 났나요?

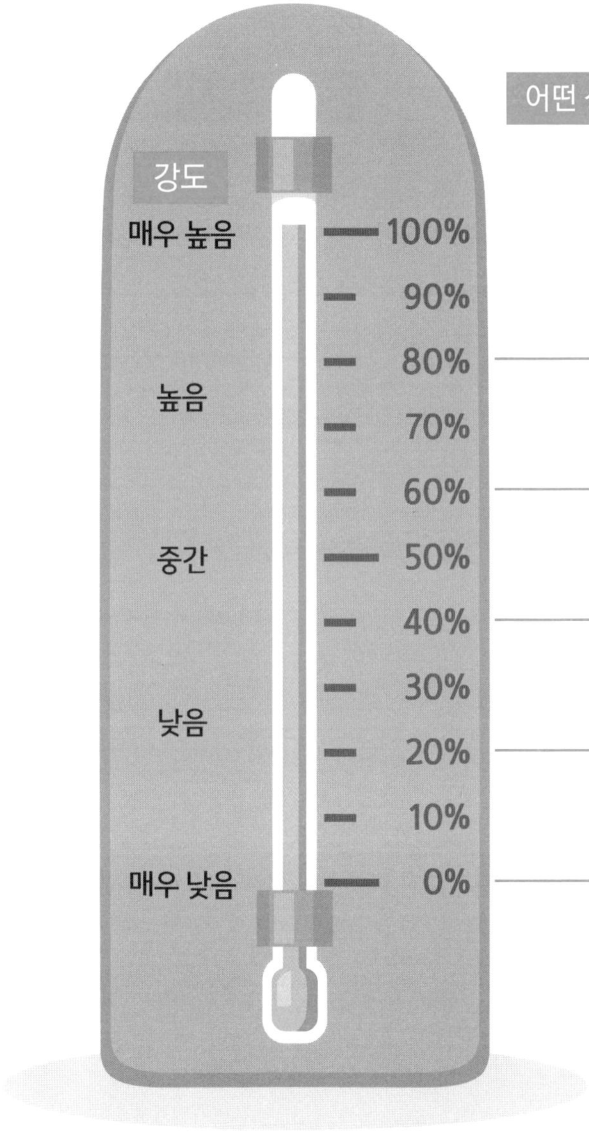

어떤 상황에서 화가 났나요?

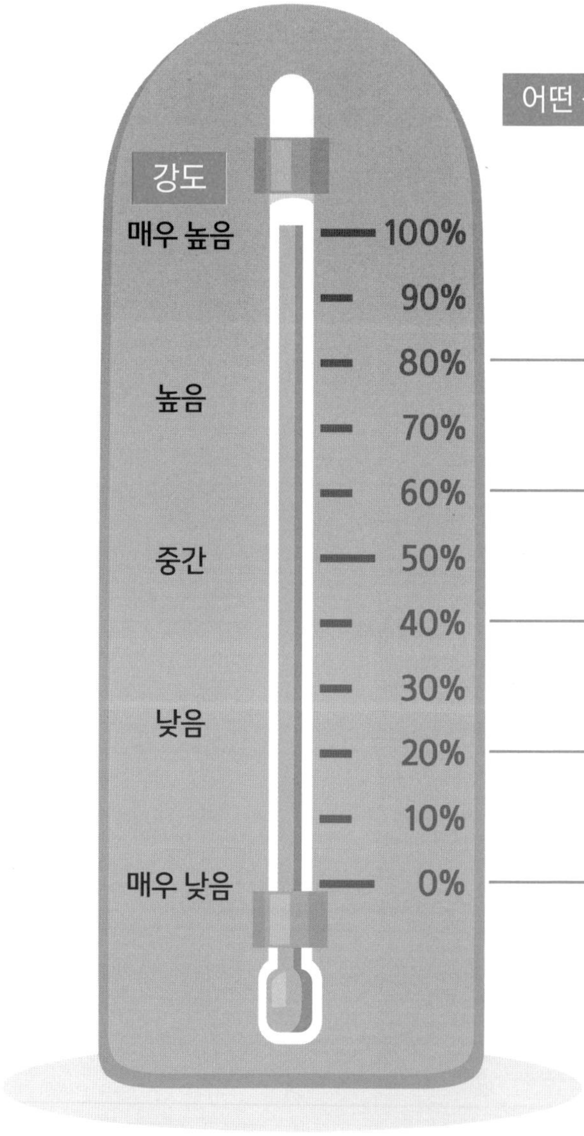

어떤 상황에서 화가 났나요?

____

____

____

____

____

활동지 4-1 감정온도계(2)

1주일 동안 어떤 상황에서 얼마나 화가 났는지 적어 보세요. 화가 난 상황에서의 분노 감정 정도(강도)를 표시하고, 그때 어떤 행동을 했는지도 적어 보세요.

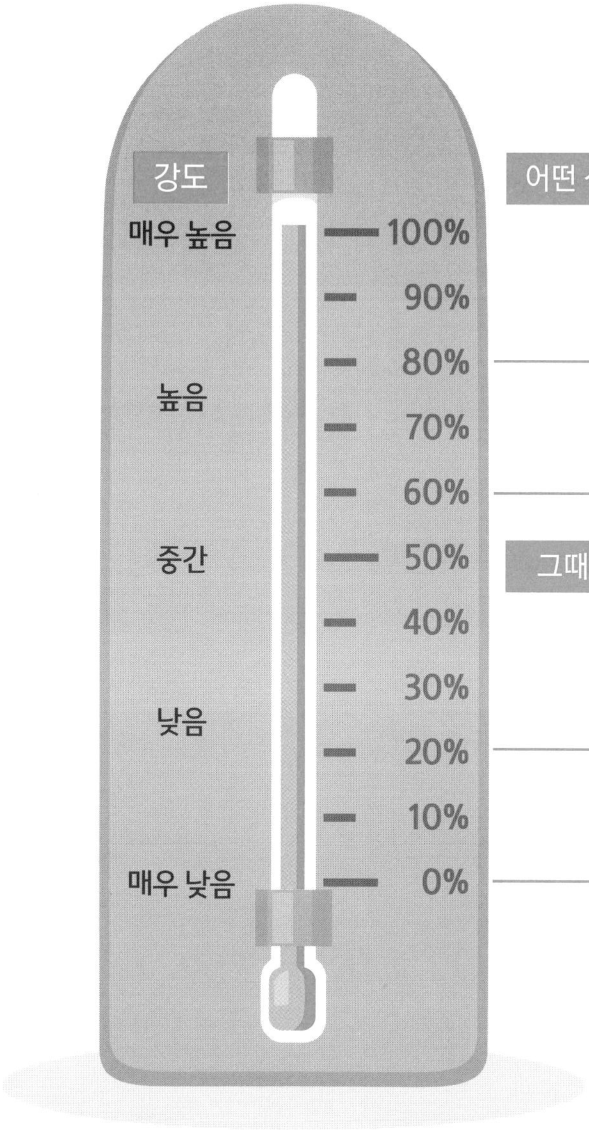

어떤 상황에서 화가 났나요?

그때 어떤 행동을 했나요?

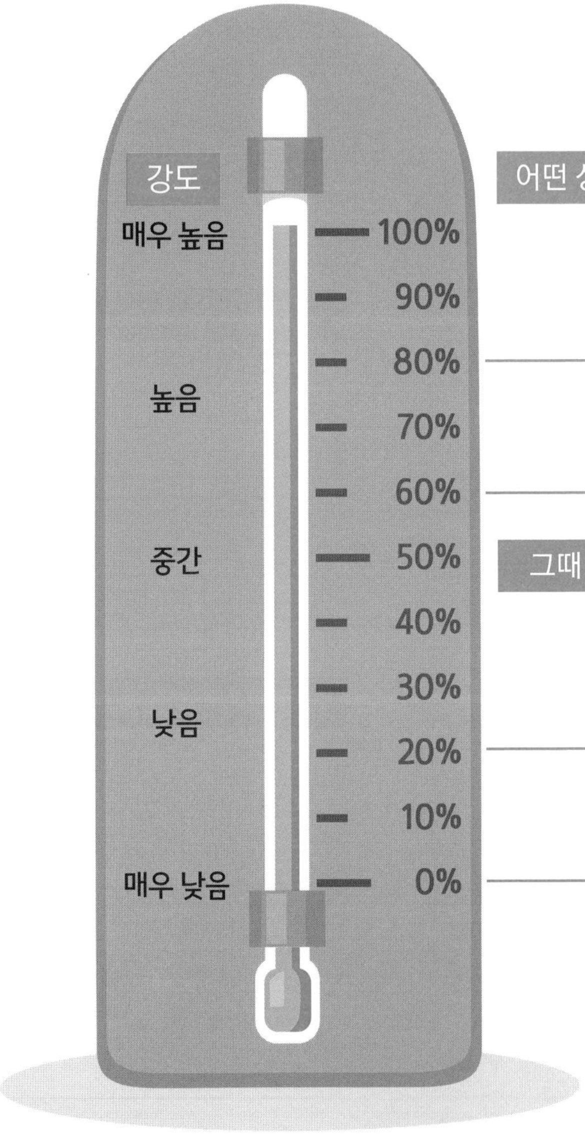

어떤 상황에서 화가 났나요?

그때 어떤 행동을 했나요?

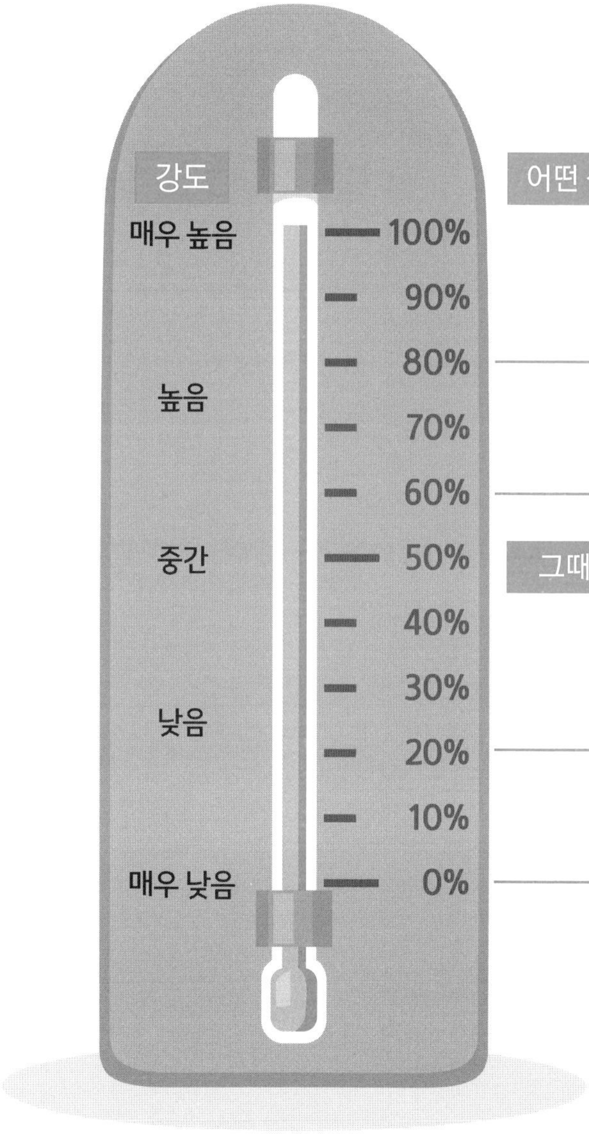

어떤 상황에서 화가 났나요?

그때 어떤 행동을 했나요?

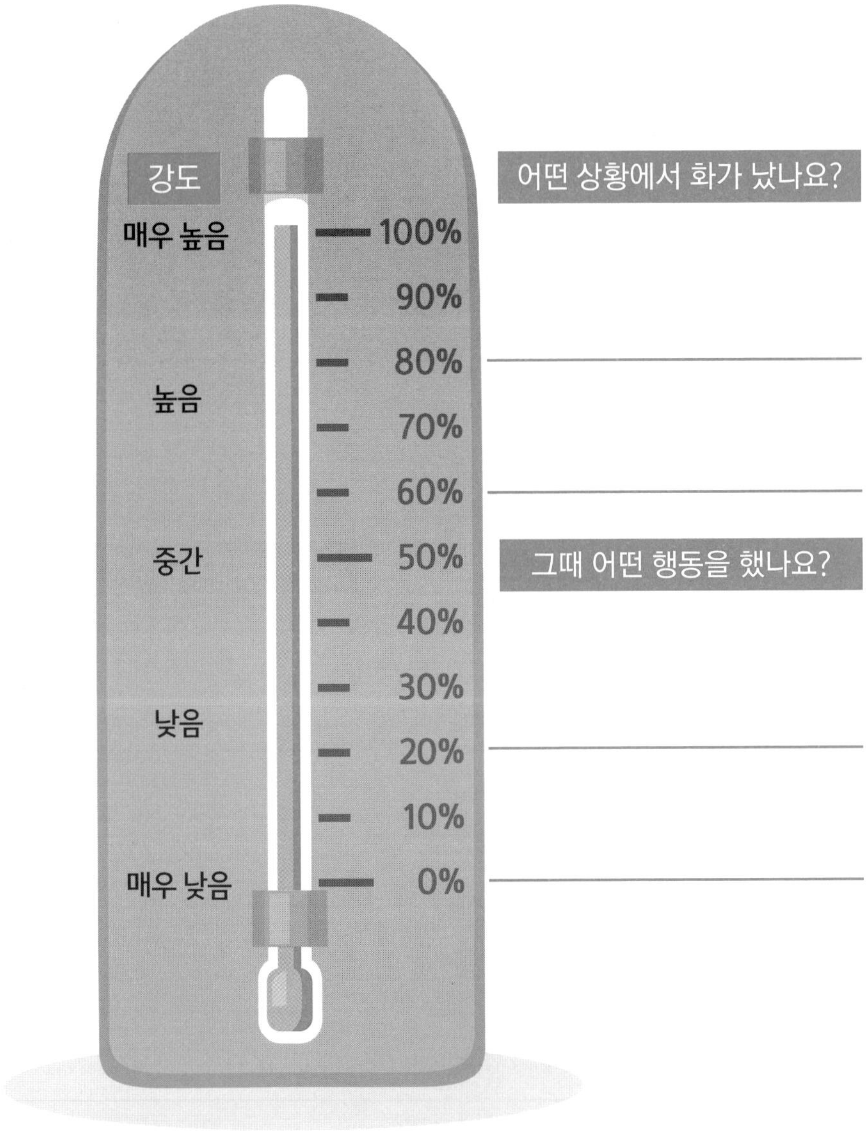

강도
매우 높음
높음
중간
낮음
매우 낮음
100%
90%
80%
70%
60%
50%
40%
30%
20%
10%
0%
어떤 상황에서 화가 났나요?
그때 어떤 행동을 했나요?

활동지 5-1 혼잣말 각본

평소 자신이 화가 나는 상황을 적고, 그때 분노를 증가시키는 혼잣말, 분노를 감소시키는 혼잣말을 적어 보세요. 그리고 그때의 느낌과 행동, 결과를 예상해서 적어 보세요.

화가 나는 상황은?

분노를 증가시키는 혼잣말	분노를 감소시키는 혼잣말
↓	↓
감정 강도(표시하세요) 1 2 3 4 5 6 7 8 9 10	감정 강도(표시하세요) 1 2 3 4 5 6 7 8 9 10
↓	↓
행동	행동
↓	↓
결과	결과

활동지 5-2 긍정적 혼잣말 목록

긍정적인 혼잣말을 가능한 한 많이 작성해 보세요.

> 중요한 것은, '혼잣말'은 머릿속으로 분노를 누그러뜨리고
> 행동을 조절하는 걸 돕기 위한 방법이라는 점이에요.

1.	
2.	
3.	
4.	
5.	
6.	
7.	
8.	
9.	
10.	

발표 이후에 가장 마음에 드는 혼잣말에 ★ 표시를 하세요.

활동지 5-3 감정온도계(3)

1주일 동안 어떤 상황에서 얼마나 화가 났는지 적어 보세요. 화가 난 상황에서 어떤 혼잣말을 했는지도 적어 보세요.

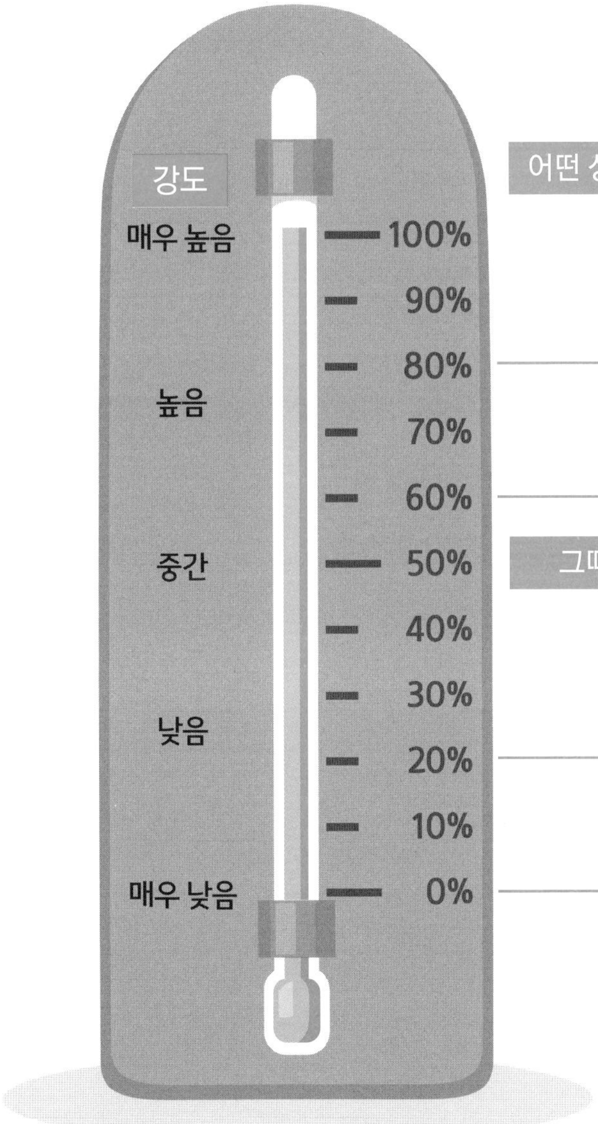

어떤 상황에서 화가 났나요?

그때 사용한 혼잣말은?

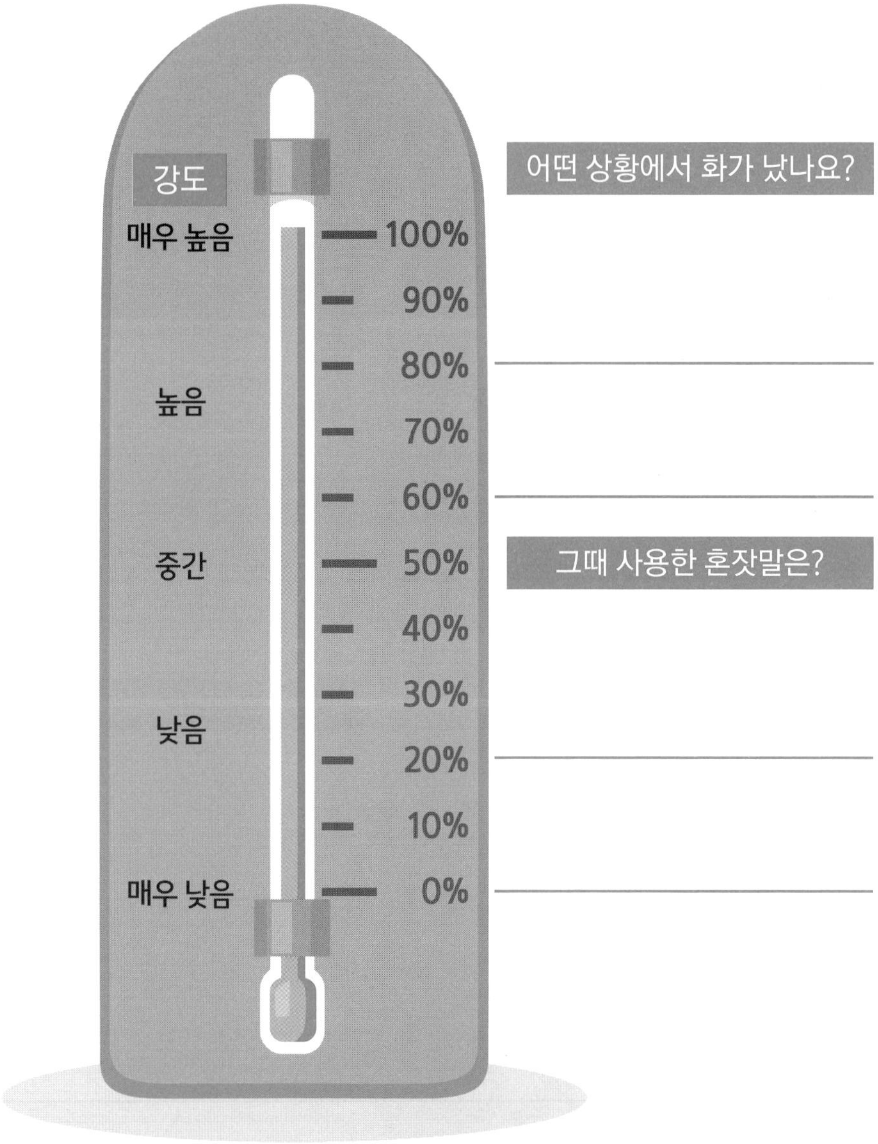
강도
매우 높음
높음
중간
낮음
매우 낮음
100%
90%
80%
70%
60%
50%
40%
30%
20%
10%
0%
어떤 상황에서 화가 났나요?
그때 사용한 혼잣말은?

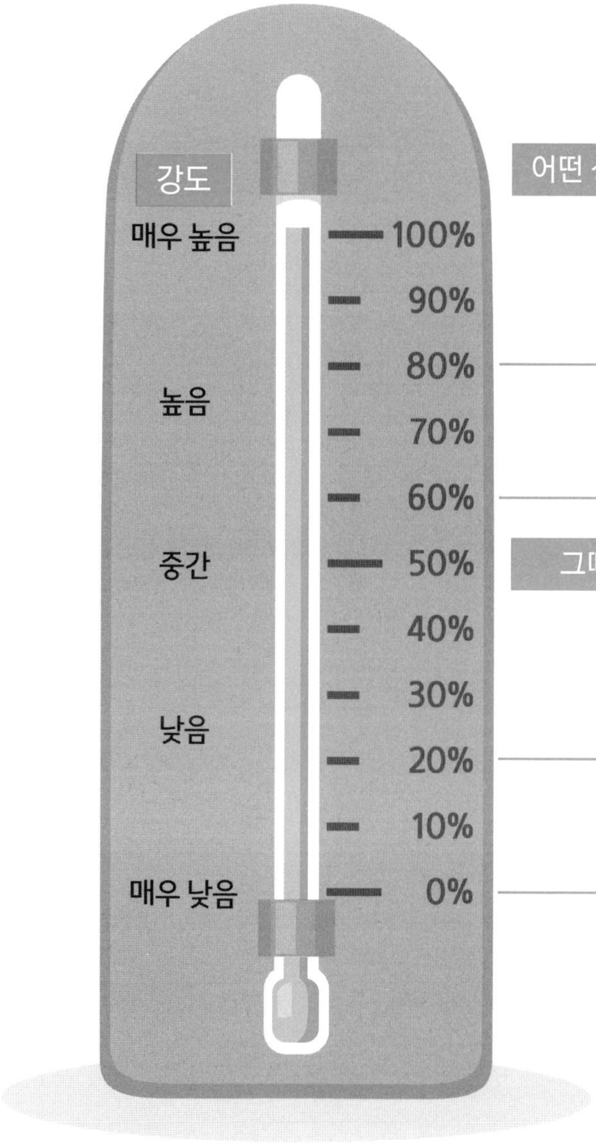

어떤 상황에서 화가 났나요?

그때 사용한 혼잣말은?

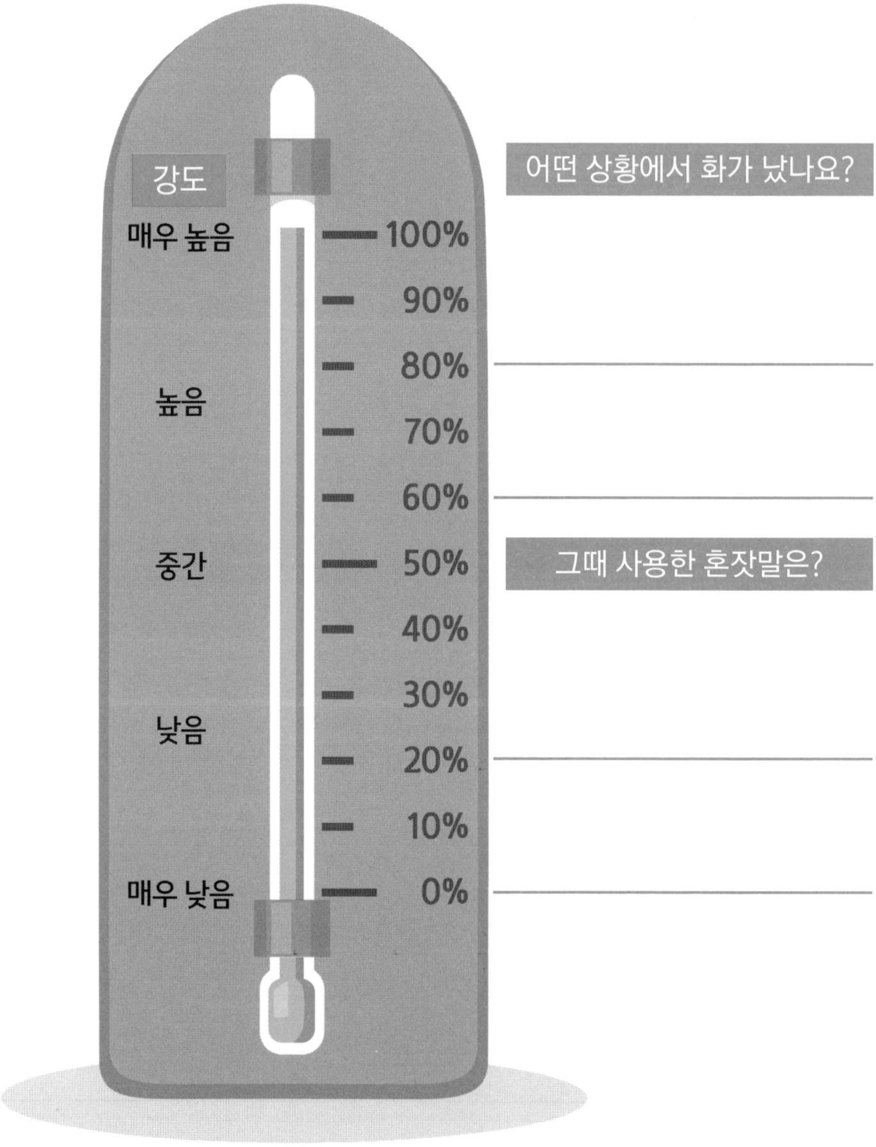
강도
매우 높음
높음
중간
낮음
매우 낮음
100%
90%
80%
70%
60%
50%
40%
30%
20%
10%
0%
어떤 상황에서 화가 났나요?
그때 사용한 혼잣말은?

활동지 6-1 숨겨진 욕구 사례

상황을 요약할 수 있는 적절한 문장을 만들어 보세요. 그리고 바람직한 대처법을 생각해 보세요.

A의 상황

1. 같은 방을 사용하는 친구는 키도 크고 힘도 세다. 그 친구는 장난으로 내 별명을 부르며 내 볼을 당긴다. 그 친구는 장난이지만 난 짜증이 난다.
2. 자려고 누웠는데, 옆에 친구가 계속 나에게 말을 건다. 내가 "하지 마."라고 했지만 그 친구는 웃으면서 계속 말을 건다. 슬슬 화가 난다.

A의 욕구: 나는 ~을 원하기 때문에 ~한 상황에서 ~을 느낀다.

1.

2.

바람직한 대처법

1.

2.

활동지 6-2 화 뒤에 숨어 있는 나의 속마음

✎ 화 뒤에 꼭꼭 숨어 있는 속마음과 욕구를 〈활동지 6-3: 욕구 카드〉에서 찾아보세요.

"내가 잘못했지만 인정하고 싶지 않아. 네 탓이야!"

	욕구:

"나를 함부로 대하거나 나를 비판하는 것은 참을 수 없어! 재수 없어."

	욕구:

"나의 뜻대로 되지 않으니 짜증이 나!"

	욕구:

"주변 사람에게 좋은 일이 있으니까 질투가 나! 꼴 보기 싫어."

	욕구:

"남을 지배하고 통제해야만 속이 시원해!"

	욕구:

활동지 6-3 욕구 카드

화 뒤에 꼭꼭 숨어 있는 속마음과 욕구를 〈활동지 6-2: 화 뒤에 숨어 있는 나의 속마음〉에 적어 보세요.

1. 숨겨진 욕구

- 일을 잘 해내고 싶어.
- 중요한 사람으로 존중받고 싶어.
- 나의 뜻대로 하고 싶어.
- 나도 잘해서 인정받고 싶어.
- 다른 사람들보다 우월하고 싶어.

2. 숨겨진 감정

- 죄책감
- 수치심
- 좌절감
- 질투심
- 불안정감

활동지 6-4 셜록 홈즈

화가 나는 상황에 대해서 어떤 욕구, 감정, 생각이 있는지를 적어 보세요.

상황: ______________________

감정: ______________________

생각: ______________________

숨겨진 욕구: ______________________

숨겨진 감정: ______________________

활동지 7-1 화를 나게 하는 과정들

다음 각 단계가 생각, 감정, 행동 중에 어떤 것인지 확인해 보세요.

- 옆에 친구가 나를 보자마자 머리 스타일이 재미있다며 웃음 (   )
- 기분이 상함 (   )
- 나도 지지 않고 친구 머리가 더 이상하다고 말함 (   )
- 그래도 기분이 풀리지 않음 (   )
- 친구는 나를 신경 안 쓰고 딴 친구와 이야기를 함 (   )
- 친구에게 말을 걸었는데 반응이 없음 (   )
- 나를 무시한다는 마음이 듦 (   )
- 기분이 더 좋지 않음 (   )
- 먼저 집에 가겠다고 함 (   )
- 친구가 갑자기 왜 그러냐고 화를 냄 (   )
- 그냥 할 일이 있다고 핑계를 댐 (   )
- 친구가 기분 나쁜 듯이 "그럼 가 버려."라고 함 (   )
- '이 친구는 원래 이런 애야.'라는 마음이 듦 (   )
- 나도 화를 내고 욕을 함 (   )
- 서로 싸우게 됨 (   )

활동지 7-2 생각, 감정, 행동 목록지

1. ______________

- 내 헤어스타일을 놀린 친구의 뒤통수를 노려보았다.
- 새 신발을 신고 온 친구의 발을 아닌 척하면서 밟았다.
- 어깨를 치고 지나가는 사람을 쫓아가서 팔을 붙잡고 소리 질렀다.
- 친구들이 불러도 나가지 않고 집에 있었다.
- 별것 아닌 일로 친구와 싸웠다.
- 실수한 친구에게 '왜 그렇게밖에 못하냐'고 비난했다.

2. ______________

- 새로 산 핸드폰을 잃어버려 매우 화가 났다.
- 밖에 나갈 수 없어 속상하다.
- 친구와 싸워서 짜증 난다.
- 내 말을 잘 들어 줘서 기뻤다.
- 다른 사람들 앞에 서면 쑥스럽다.
- 바람이 상쾌해서 기분이 좋다.

3. ______________

- 카톡을 읽었는데 답이 오지 않으면, 나를 싫어하는 게 틀림없다.
- 친구들과 나가도 어차피 지루할 것이다.
- 저 사람이 웃는 건 나를 비웃고 있는 것이다.
- 형이 나를 무시하는 것 같은 생각이 든다.
- 다른 사람들은 어차피 내게 상처를 줄 것이다.
- 선생님은 항상 나만 혼낸다.

활동지 7-3 분노 상황 생각 기록지

화가 난 상황에서 나의 대처 활동, 자동적 사고, 지지 증거, 반박 증거, 균형 잡힌 중간 생각을 적어 보세요.

분노 상황	나의 행동은?	자동으로 드는 생각은?	지지 증거	반박 증거	균형 잡힌 중간 생각
예: 점심시간에 친구가 지나가다 국물을 쏟아서 옷이 더러워짐	싸웠다/욕했다/물건을 부쉈다/대화로 해결했다/친구에게 말했다/무시했다/기타	일부러 그랬다/또 당했다/나쁜 놈/시비 건다	평소에 나랑 사이가 좋지 않다.	복도에 사람이 많아서 비좁았다.	평소에 나랑 사이가 좋지 않지만, 복도에 사람이 너무 많아 쏟을 수도 있다.

활동지 8-1 그 사람의 감정은?

❖ 얼굴표정에 맞는 감정 단어를 써 보세요.

얼굴 1

얼굴 2

얼굴 3

얼굴 4

얼굴 5

얼굴 6

〈감정 단어 예시〉

분노, 두려움, 놀람, 행복, 슬픔, 경멸, 혐오, 수치심, 당황, 짜증, 불안, 시기, 기쁨 등

❖ 이 감정을 불러일으키는 생각은 무엇일까요?

	생각	→	감정
얼굴 1			
얼굴 2			
얼굴 3			
얼굴 4			
얼굴 5			
얼굴 6			

❖ 만약 어떤 사람이 이러한 방식으로 생각하고 느낀다면, 그 사람은 어떤 행동을 하게 될까요?

	행동
얼굴 1	
얼굴 2	
얼굴 3	
얼굴 4	
얼굴 5	
얼굴 6	

활동지 8-2 분노한 영수의 사례

영수는 농구를 좋아하고 잘하는 고등학생이다. 팀에서 센터를 맡고 있는 에이스이기도 하다. 오늘은 평소 경쟁 상대인 옆 고등학교와 친선대회가 있는 날이다. 영수는 선발 선수로 경기에 뛰게 되었는데, 경기 중 심판이 파울을 제대로 판단해 주지 않아 자꾸 상대편 팀에게 자유투가 주어지고 점수 차가 벌어진다는 생각이 들자 '성난 사자'가 되었다. 심판이 '옳은 판정'을 하지 않는다고 생각하니 영수는 얼굴에 열이 오르는 걸 느끼고, 숨이 가빠지며, 이를 악물고 주먹을 꽉 쥐게 되었다. 그리고 '저 심판은 상대팀 편을 들고 있는 게 틀림없어.' '이건 공정한 시합이 아니야!' '왜 정당한 방어를 자꾸 블로킹 파울이라고 하는 거지? 나를 싫어하나?'라고 생각하기 시작했다. 그리고 상대팀 선수 옆을 지나갈 때 일부러 팔로 세게 치거나, 수비를 해야 할 때 오히려 '성난 사자'처럼 덤벼들었다. 그러나 그럴 때 그의 행동은 매번 심판한테 걸려서 경고를 받게 되거나, 상대팀에게 자유투가 주어졌다. 영수는 더욱 흥분해서 심판에게 소리를 지르거나 다른 선수의 발을 일부러 다시 걸었고, 결국 다섯 번의 반칙으로 퇴장당하게 되었다. 그날 그의 팀은 경기에서 지게 되었다. 경기가 끝난 후 감독에게 불려 간 후에도 영수는 끝까지 심판이 불공정하고 잘못했다고 주장하면서 고집을 굽히지 않았다. 그리고 집으로 돌아갔을 때도 가족들에게 짜증을 내고 소리를 질렀지만, 그날 경기에서 있었던 일에 대해서는 오히려 아무 말도 하지 않았다. 결국 가족들은 영문도 모른 채 영수와 다투게 되었다. 그리고 며칠 동안 훈련에도 참석하지 않았던 영수는 일주일이 지난 후 감독의 경고전화를 받고 훈련에 나왔다. 하지만 훈련시합 중 연습하던 동료가 조금이라도 마음에 안 들면 소리를 지르거나 욕을 했다. 그들이 시합 중 영수에게 공을 패스하고 영수가 잘할 수 있도록 도움을 주려 애를 썼음에도 불구하고 말이다. 이러한 영수의 행동이 반복되자 동료들은 시합 중에도 영수에게 공을 주지 않았고, 쉬는 시간에도 같이 어울리지 않았다.

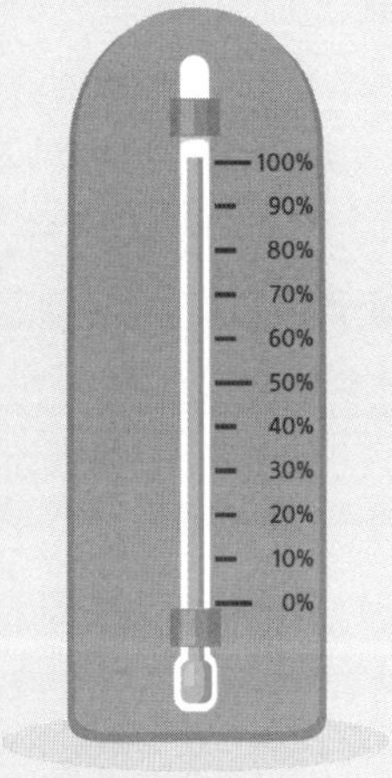

1. 빈도: 영수는 어떻게 화를 내게 되었을까요?

2. 강도: 영수의 분노는 얼마나 강한 정도인지 옆의 온도계를 사용해 표시해 보세요.

3. 지속시간: 영수의 분노는 얼마나 오랫동안 지속되었나요?

4. 충동성: 영수가 충동적으로 행동한 것은 언제인가요?

5. 결과: 영수의 분노의 결과로 어떤 일이 있었나요?

활동지 8-3 상대방의 입장 살피기

상황 1을 읽고, 경수의 입장이 되어 보세요.

상황 1

경수는 걸핏하면 별것도 아닌 일에 화를 내고 욕을 한다. 힘이 센 것도 아니고 잘난 것도 없으면서 성질을 부리고 센 척하는 모습이 너무 짜증 난다. 언제 한번 혼을 내 줘야겠다.

〈상대방(경수) 입장의 예〉

- 어떤 기분: ______
- 왜 그런 마음이 드는지: ______

〈상대방(경수)이 되었다고 생각하고, 나에게 말하기〉

______

상황 2

자신의 기분을 상하게 하는 친구의 특징 및 구체적인 상황을 써 보세요.

______

〈상대방 입장의 예〉

상대방의 숨겨진 속마음을 상상해서 써 보세요.

- 어떤 기분: ______
- 왜 그런 마음이 드는지: ______

〈상대방이 되었다고 생각하고, 나에게 말하기〉

______

활동지 9-1 나는 어떤 유형일까?

다음에 제시된 문장을 잘 읽고, 각 문장의 내용이 평소 자신의 생각과 얼마나 일치한다고 생각하는지 해당하는 점수를 괄호 안에 적어 주세요.

*1=전혀 그렇지 않다, 2=그렇지 않다, 3=보통이다, 4=그렇다, 5=매우 그렇다

	문장	A	B	C	D	E
1	싸움은 피하는 것이 상책이다.	( )				
2	내 생각대로 사람들을 설득하는 것은 능력이다.		( )			
3	부드러운 말은 무자비한 마음을 푼다.			( )		
4	이에는 이, 눈에는 눈				( )	
5	한 사람의 생각보다 여러 명의 의견이 더 낫다.					( )
6	두 사람이 다툴 때 먼저 침묵을 지키는 사람이 더 훌륭하다.	( )				
7	힘이 곧 정의이다.		( )			
8	친절한 사람은 적이 없다.			( )		
9	(협상에서 결과가) 아주 없는 것보다는 조금이라도 있는 것이 낫다.				( )	
10	솔직함, 정직함, 믿음이 있으면 산이라도 옮긴다.					( )
11	뜻이 다른 사람과는 가까이 하지 않는 것이 좋다.	( )				
12	싸움에서는 무조건 이겨야 한다.		( )			
13	내 몸이 피곤해도 친구가 도와 달라고 하면 일단 도와준다.			( )		
14	선물은 좋은 친구를 만든다.				( )	
15	갈등은 해결될 수 있다.					( )
16	갈등을 다루는 최선의 방법은 피하는 것이다.	( )				
17	세상에는 승자와 패자 두 종류의 사람이 있다.		( )			
18	받는 것보다 주는 것이 낫다.			( )		
19	둘 다 중간이라면 공평하게 얻은 것이다.				( )	
20	시간이 걸려도 모두 만족하는 방법을 찾아야 한다.					( )
	총점을 세로로 더해 주세요. 각 유형별 내 점수는?					

활동지 9-2 다섯 가지 갈등 해결 유형

유형별 갈등 해결 시 장점과 단점을 생각하여 적어 보세요.

A형: 느긋한 거북이형(갈등을 피하기 위해 상황 자체를 회피하는 유형)

장점	단점
•	•
•	•
•	•

B형: 열정적인 사자형(어떤 상황에서도 자기의 목표를 포기하지 않는 유형)

장점	단점
•	•
•	•
•	•

C형: 다정한 곰돌이형(관계를 유지하기 위해서 자기의 목표를 포기하는 유형)

장점	단점
•	•
•	•
•	•

D형: 영리한 여우형(득과 실을 따져서 손해 보지 않는 유형)

장점	단점
•	•
•	•
•	•

E형: 지혜로운 부엉이형(시간을 갖고 모두의 만족을 찾는 유형)

장점	단점
•	•
•	•
•	•

활동지 9-3 대처 유형 소개(1)

다음 대처 행동은 어떤 대처 유형일지 생각해 보세요. 그리고 장 · 단점을 써 보세요.

상황: 친구가 자꾸 내가 앉은 의자를 툭툭 건드리며 놀린다.

대처 행동	• 화가 나지만 반응하지 않고 속으로 참기만 한다. • 친구가 밉지만 표현하지 않는다. • 친구의 행동이 바뀌기를 바라지만 아무 행동도 하지 않는다. • 아예 그 상황을 피해 다른 곳(화장실, 운동장 등)으로 간다.
대처 유형	• 나 없는 대처 ( ) • 나 우선 대처 ( ) • 함께 하는 대처 ( )
장점	• • • •
단점	• • • •

활동지 9-4 대처 유형 소개(2)

다음 대처 행동은 어떤 대처 유형일지 생각해 보세요. 그리고 장 · 단점을 써 보세요.

상황: 친구가 자꾸 내가 앉은 의자를 툭툭 건드리며 놀린다.

대처 행동	• 씩씩대며 신경질을 낸다. • 참다가 갑자기 화를 낸다. • 책상을 손으로 내리치며 소리를 지른다. • 힘을 과시하며 심하게 욕을 해 준다. • 친구에게 폭력을 행사하여 꼼짝 못하게 한다.
대처 유형	• 나 없는 대처 ( ) • 나 우선 대처 ( ) • 함께 하는 대처 ( )
장점	• • • •
단점	• • • •

활동지 10-1 문제해결 활동지(1)

멈춤: 문제가 무엇일까요?

나는 친구들과 어울려서 놀고 있었다. 나보다 힘이 세고 키가 큰 경수가 내가 귀엽다면서 내 볼을 자꾸 툭툭 쳤다. 처음에는 그렇게 기분 나쁘지 않았는데, 계속 내 볼을 치니까 조금씩 화가 났다. 또한 바로 직전에 선생님에게 혼이 나서 기분도 안 좋은 상태에서 경수도 그러니 더 화가 났다. 결국 화를 참을 수가 없게 되어 경수를 밀치고 욕을 했다.

생각: 다양한 해결책을 생각해 보세요.

1.
2.
3.
4.
5.

평가: 예상되는 결과는 어떠한지 각각 점수를 매겨 보세요.

점수(−5 ~ +5)

1.
2.
3.
4.
5.

가장 높은 점수를 받은 생각을 골라 적어 보세요.

행동: 고른 해결책대로 행동해 보세요. 그리고 상대방의 반응을 살펴보세요.

활동지 10-2 문제해결 활동지(2)

1주일 동안 화가 나는 상황에서 멈춤-생각-평가-행동 방법을 해 보세요. 분노를 누그러뜨리기 위해 지금까지 배운 이완 훈련이나 혼잣말을 사용할 수 있음을 잊지 마세요.

이완 훈련 사용 ( )
혼잣말 사용 ( )

멈춤: 문제가 무엇일까요?

생각: 다양한 해결책을 생각해 보세요.

1. ______
2. ______
3. ______
4. ______
5. ______

평가: 예상되는 결과는 어떠한지 각각 점수를 매겨 보세요. 점수(-5 ~ +5)

1. ______ ______
2. ______ ______
3. ______ ______
4. ______ ______
5. ______ ______

가장 높은 점수를 받은 생각을 골라 적어 보세요.

______

행동: 고른 해결책대로 행동해 보세요. 그리고 상대방의 반응을 살펴보세요.

______

______

______

멈춤: 문제가 무엇일까요?

이완 훈련 사용 ( )
혼잣말 사용 ( )

생각: 다양한 해결책을 생각해 보세요.

1. __________
2. __________
3. __________
4. __________
5. __________

평가: 예상되는 결과는 어떠한지 각각 점수를 매겨 보세요. 점수(-5 ~ +5)

1. __________ ____
2. __________ ____
3. __________ ____
4. __________ ____
5. __________ ____

가장 높은 점수를 받은 생각을 골라 적어 보세요.

____

행동: 고른 해결책대로 행동해 보세요. 그리고 상대방의 반응을 살펴보세요.

____

____

____

멈춤: 문제가 무엇일까요?

이완 훈련 사용 ( )
혼잣말 사용 ( )

생각: 다양한 해결책을 생각해 보세요.

1. ______
2. ______
3. ______
4. ______
5. ______

평가: 예상되는 결과는 어떠한지 각각 점수를 매겨 보세요. 점수(−5 ~ +5)

1. ______ ______
2. ______ ______
3. ______ ______
4. ______ ______
5. ______ ______

가장 높은 점수를 받은 생각을 골라 적어 보세요.

______

행동: 고른 해결책대로 행동해 보세요. 그리고 상대방의 반응을 살펴보세요.

______
______
______

멈춤: 문제가 무엇일까요?

이완 훈련 사용 (   )
혼잣말 사용 (   )

생각: 다양한 해결책을 생각해 보세요.

1. ______
2. ______
3. ______
4. ______
5. ______

평가: 예상되는 결과는 어떠한지 각각 점수를 매겨 보세요. 점수(-5 ~ +5)

1. ______ ______
2. ______ ______
3. ______ ______
4. ______ ______
5. ______ ______

가장 높은 점수를 받은 생각을 골라 적어 보세요.

______

행동: 고른 해결책대로 행동해 보세요. 그리고 상대방의 반응을 살펴보세요.

______

______

______

활동지 11-1 문제해결 활동지(2)

❖ 1주일 동안 화가 나는 상황에서 멈춤-생각-평가-행동 방법을 해 보세요. 분노를 누그러뜨리기 위해 지금까지 배운 이완 훈련이나 혼잣말을 사용할 수 있음을 잊지 마세요.

멈춤: 문제가 무엇일까요?

이완 훈련 사용 ( )
혼잣말 사용 ( )

생각: 다양한 해결책을 생각해 보세요.

1. ______________________________
2. ______________________________
3. ______________________________
4. ______________________________
5. ______________________________

평가: 예상되는 결과는 어떠한지 각각 점수를 매겨 보세요.	점수(-5 ~ +5)
1.	
2.	
3.	
4.	
5.	

가장 높은 점수를 받은 생각을 골라 적어 보세요.

____

행동: 고른 해결책대로 행동해 보세요. 그리고 상대방의 반응을 살펴보세요.

____
____
____

이완 훈련 사용 ( )
혼잣말 사용 ( )

멈춤: 문제가 무엇일까요?

생각: 다양한 해결책을 생각해 보세요.

1. ______
2. ______
3. ______
4. ______
5. ______

평가: 예상되는 결과는 어떠한지 각각 점수를 매겨 보세요. 점수(-5 ~ +5)

1. ______ ______
2. ______ ______
3. ______ ______
4. ______ ______
5. ______ ______

가장 높은 점수를 받은 생각을 골라 적어 보세요.

______

행동: 고른 해결책대로 행동해 보세요. 그리고 상대방의 반응을 살펴보세요.

______

______

______

이완 훈련 사용 ( )
혼잣말 사용 ( )

멈춤: 문제가 무엇일까요?

생각: 다양한 해결책을 생각해 보세요.

1. ______
2. ______
3. ______
4. ______
5. ______

평가: 예상되는 결과는 어떠한지 각각 점수를 매겨 보세요. 점수(−5 ~ +5)

1. ______ ______
2. ______ ______
3. ______ ______
4. ______ ______
5. ______ ______

가장 높은 점수를 받은 생각을 골라 적어 보세요.

______

행동: 고른 해결책대로 행동해 보세요. 그리고 상대방의 반응을 살펴보세요.

______

______

______

멈춤: 문제가 무엇일까요?

이완 훈련 사용 ( )
혼잣말 사용 ( )

생각: 다양한 해결책을 생각해 보세요.

1. ______
2. ______
3. ______
4. ______
5. ______

평가: 예상되는 결과는 어떠한지 각각 점수를 매겨 보세요. 점수(−5 ~ +5)

1. ______ ______
2. ______ ______
3. ______ ______
4. ______ ______
5. ______ ______

가장 높은 점수를 받은 생각을 골라 적어 보세요.

______

행동: 고른 해결책대로 행동해 보세요. 그리고 상대방의 반응을 살펴보세요.

______
______
______

활동지 11-2 내가 만들어 가는 나의 미래

내가 꿈꾸는 미래의 나의 모습을 위해
지금부터 나는 어떠한 노력을 할 수 있을까요?

	미래의 나의 모습	지금부터 내가 할 일은?
1주일 후		
1개월 후		
6개월 후		
1년 후		
5년 후		
10년 후		

저자 소개

김붕년(Kim, Bung-Nyun)
서울대학교 의과대학 및 대학원 의학 박사(소아청소년 정신의학 전공)
현 서울대학교 의과대학 교수 및 서울대학교병원 소아청소년정신과 분과장
국제 소아청소년정신의학회 부회장

〈주요 저서〉
『아이의 뇌』(국민출판사, 2012)
『공격적 아동을 위한 학교 폭력 치유 프로그램: 가해 아동용』(공저, 시그마프레스, 2015)
『공격적 아동을 위한 학교 폭력 치유 프로그램: 피해 아동용』(공저, 시그마프레스, 2015)
『발달단계별, 특성별로 접근한 자폐부모 교육』(공저, 학지사, 2017)
『나보다 똑똑하게 키우고 싶어요: 0~12세 두뇌 & 행복 발달 육아법』(디자인하우스, 2019)

김봉석(Kim, Bongseog)
서울대학교 의과대학, 인제대학교 의학 박사(정신의학 전공)
국립서울정신병원 전문의
대한소아청소년정신의학회 이사장
현 인제대학교 상계백병원 정신건강의학과 교수

〈주요 저서 및 역서〉
『청소년 정신의학』(공저, 시그마프레스, 2012)
『ADHD의 통합적 이해』(공저, 학지사, 2015)
『새로운 나를 여는 열쇠』(공역, 열음사, 2004)
『아동청소년의 분노 조절 사회기술훈련: 분노대처 프로그램 가이드북』(공역, 학지사, 2014)

윤미원(Youn, Mi-won)
숙명여자대학교 아동복지학 박사(Ph.D.)(아동복지 전공)
국제공인 치료놀이 치료사/슈퍼바이저/트레이너
국제놀이치료협회(Association for Play Therapy) 인증 슈퍼바이저(RPT-s)
현 윤치료놀이상담센터 소장

〈주요 저 · 역서 및 논문〉
『집단 치료놀이 실제: 아동편』(공저, 한국치료놀이연구소, 2005)
『치료놀이』(공역, 학지사, 2011)
「치료놀이(Theraplay)에서 거울의 의미」(2011)
「아동상담에서의 치료적 '민감성' 분석: 치료놀이(Theraplay)를 중심으로」(2012)
「치료놀이 원리에 대한 소고: 양육을 중심으로」(2013)

최치현(Choi, Chi-hyun)
서울대학교 의학 석사(임상의과학 전공)
서울대학교병원 정신건강의학과 전공의
서울대학교병원 소아청소년정신과 전임의
현 서울특별시보라매병원 조교수

안영신(Ahn, Young-shin)
서울여자대학교 심리치료학 석사(아동심리치료 전공)
서울대학교병원 의생명연구원
서울대학교병원 소아청소년정신과 임상심리전문가 수료
현 서울탑 마음클리닉 임상심리전문가

이호동(Lee, Ho-dong)
중앙대학교 일반대학원 심리학 석사(임상심리 전공)
서울대학교병원 의생명연구원
김원묵기념 봉생병원 정신건강의학과 정신건강임상심리사 2급 수료
현 부산대학교병원 정신건강의학과 정신건강임상심리사 1급 수련생

청소년을 위한

공격성 및 분노 조절 프로그램

-인지행동치료와 치료놀이의 통합 프로그램-

Aggression and Anger Management Program for Adolescents

-Combined Cognitive Behavioral Therapy with Theraplay-

2019년 9월 30일 1판 1쇄 발행
2024년 1월 25일 1판 4쇄 발행

지은이 • 김붕년 · 김봉석 · 윤미원 · 최치현 · 안영신 · 이호동

펴낸이 • 김 진 환

펴낸곳 • (주) 학지사
04031 서울특별시 마포구 양화로 15길 20 마인드월드빌딩 5층

대표전화 • 02) 330-5114 팩스 • 02) 324-2345

등록번호 • 제313-2006-000265호

홈페이지 • http://www.hakjisa.co.kr
인스타그램 • https://www.instagram.com/hakjisabook

ISBN 978-89-997-1918-9 93180

정가 15,000원